推动企业成为创新主体

TUIDONG QIYE CHENGWEI CHUANGXIN ZHUTI

陈劲　胡炜　编著

经济日报出版社

图书在版编目 (CIP) 数据

    推动企业成为创新主体 / 陈劲，胡炜编著 . -- 北京：经济日报出版社，2023.11

    ISBN 978-7-5196-1319-8

    Ⅰ.①推… Ⅱ.①陈…②胡… Ⅲ.①企业创新—研究—中国 Ⅳ.① F279.23

    中国国家版本馆 CIP 数据核字 (2023) 第 074394 号

推动企业成为创新主体
TUIDONG QIYE CHENGWEI CHUANGXIN ZHUTI

陈　劲　胡　炜　编著	
出　　版：	经济日报出版社
地　　址：	北京市西城区白纸坊东街 2 号院 6 号楼 710（邮编 100054）
经　　销：	全国新华书店
印　　刷：	北京虎彩文化传播有限公司
开　　本：	710mm×1000mm　1/16
印　　张：	14
字　　数：	183 千字
版　　次：	2023 年 11 月第 1 版
印　　次：	2023 年 11 月第 1 次印刷
定　　价：	62.00 元

本社网址：edpbook.com.cn　　　　微信公众号：经济日报出版社
未经许可，不得以任何方式复制或抄袭本书的部分或全部内容，**版权所有，侵权必究。**
本社法律顾问：北京天驰君泰律师事务所，张杰律师　　举报信箱：zhangjie@tiantailaw.com
举报电话：010-63567684
本书如有印装质量问题，请与本社总编室联系，联系电话：010-63567684

推 荐 序

科技兴则民族兴，科技强则国家强，科技创新是一个国家繁荣富强、一个民族兴旺发达的核心力量。党的十八大以来，以习近平同志为核心的党中央统筹中华民族伟大复兴战略全局和世界百年未有之大变局，对我国科技事业进行了战略性、全局性谋划，实施创新驱动发展战略，通过强化国家战略科技力量、突出企业科技创新主体地位、加快关键核心技术攻关、深化科技体制机制改革，使我国科技事业取得了历史性、整体性的重大突破，科技整体实力跃上新台阶，顺利进入创新型国家行列，目前正在加速从世界科技大国向世界科技强国迈进。

在这具有历史意义的重大转折时刻，我们必须加强对"创新发展规律、科技管理规律"的认识，为我国加快实现高水平科技自立自强提供理论见解。《创新科技》自2021年起，对办刊方针进行了较大改革，在继续关注区域科技成果转化的基础上，强化了对国家科技发展战略与政策以及创新发展基本规律的探讨，持续推动我国科技创新优秀学者加强战略性、前瞻性的科技创新研究，力争成为我国一支重要的科技创新研究思想库。在广大优秀学者，包括优秀青年学者的大力支持下，《创新科技》刊文的影响力显著提升，为我国科技强国建设、区域科技创新工作等提供了重要的决策指南。

本书汇集了《创新科技》近年发表的优秀论文，其中既有对习近平总书记关于科技创新重要论述的学习体会，也有对强化国家战略科技力量、强化企业科技创新主体地位、加快建设科技领军企业、推动数字科技赋能科技创新工作等的超前性研究，这些论文发表后受到了科技管理宏观部门、企业界和科技创新学术界的关注。现结集出版，供广大科技创新的理论研究者和实践者参考。

站在"两个一百年"的历史交汇点，《创新科技》将继续加强中国式现代化下的科技创新战略与政策研究，进一步探索企业成为科技创新主体的理论与方法，不断关注高质量发展驱动下的原始创新、研发投入产出效率、企业科技创新体系建设、创新联合体、创新管理国际标准等一系列议题，为推动国家、产业、区域和企业科技创新工作提供更深刻的理论思考，为我国早日成为科技强国贡献真知灼见。

陈劲

中国管理科学学会副会长

清华大学技术创新中心主任

目 录
CONTENTS

加快推进国家战略科技力量建设 …………………………………… 1

探索以企业为主导的创新发展模式 …………………………………17

科技领军企业：定义、分类评价与促进对策 ………………………33

主动进取还是被动规避：企业家精神对企业价值共创的影响研究 …51

企业独立创新与合作创新的互补平衡效应研究 ……………………73

创新生态链的体系研究——以林至科技为例 ………………………99

企业数字化转型对创新的影响研究 ………………………… 115

数字经济促进传统制造业转型升级的内涵、逻辑与路径 ………… 131

基于路径演化视角的我国科技成果转化模式变迁及对策分析 …… 149

创新投资对企业高质量发展的影响研究 …………………… 169

政府推动企业突破核心技术的机制及效应研究 ………………… 193

加快推进国家战略科技力量建设

摘要：打造国家战略科技力量对于我国加快解决关键核心技术"卡脖子"问题，更好地构建以国内大循环为主体、国内国际双循环相互促进的新发展格局至关重要。研究针对我国科技评价体系的不足、创新平台建设不足、缺乏战略性科技人才的系统培育与引进体系等方面问题，提出明确定位、持续支持、更好发挥高校作用、突出企业科技创新主体引领地位等对策，为加快推进国家战略科技力量建设提供实践与政策借鉴。

一、引言

系统性培育国家战略科技力量是新形势下应对国际挑战、服务双循环新发展格局、加快建设世界科技强国的重要抓手。国家战略科技力量作为国家创新体系建设的重要内容，具有丰富内涵。区别于传统高校、科研院所和企业研发机构，国家战略科技力量致力于以"国家意志"为导向，以"引领发展"为目标，面向世界科技前沿领域，从国家战略全局的高度解决事关国家安全、国家发展、国计民生等根本性问题，从整体上提升我国的创新能力、竞争实力与发展潜力。强化国家战略科技力量，须从主体、基础、资源、环境等方面着手，提高创新链的整体效能。建设具有重大引领作用的跨学科、大协同的创新攻关力量，根据需要具备承担国家赋予的职责、履行国家赋予的使命之能力。国家战略科技力量的载体是国家实验室和世界一流科研机构，包括依托国家实验室和世界一流科研机构建设的重大科技基础设施条件平台、综合科学中心和集中国家科研优势力量协同攻关的综合集成科研平台。根据任务与职责的差别，国家战略科技力量主要包括国家实验室体系、国家重点实验室体系，以及国家工程研究中心、国家技术创新中心、国家科学数据中心等承载国家使命的科研机构。其中，国家实验室是面向国际科技竞争、开展国际科技合作的创新基础平台，是保障国家安全的核心支撑，在国家战略科技力量组成中处于"龙头"地位。

从世界格局演变看，国家战略科技力量是赢得国际竞争优势的关键。美国能够长时间保持世界第一强国的地位，正是由于其拥有一批代表国家战略科技力量的、以世界领先的大科学装置集群为核心的、具有强大创新能力的国家实验室，以及由一批研究型大学与重要企业创新研发机构聚集形成的东、西海岸两大创新城市群。目前，以国家实验室为代表的国立科研机构已经成为欧、美、德、日、韩等世界主要科技强国科研体系的重要组成部分、科技竞争的核心力量、重大科技成果产出的重要载体。美国联邦政府资助的研发中心共40余个，资助部门包括能源部、国防部、国家航空航天局、国土安全部、国家科学基金会、卫生与公共服务部等10余个，其完善的国家实验室系统在国防、航空航天、能源等领域贡献巨大，是支持国家科技创新的持续力量、基础研究成果的摇篮，如劳伦斯伯克利国家实验室至今已产生13位诺贝尔奖获得者和约80位美国科学院院士。英国同样高度重视战略科技力量建设，如卡文迪许实验室、国家物理实验室以及英国国家海洋学中心等。德国的国家实验室有明确的国家任务导向，致力于服务国家和社会的长期发展目标，由18个研究中心组成的德国亥姆霍兹联合会是其中突出代表，致力于为经济、科技和社会的重大难题寻找关键解决方案，多年来为德国的发展做出了重大贡献。

党的十九届五中全会指出："当前和今后一个时期，我国发展仍然处于重要战略机遇期，但机遇和挑战都有新的发展变化。当今世界正经历百年未有之大变局，新一轮科技革命和产业变革深入发展，国际力量对比深刻调整，和平与发展仍然是时代主题，人类命运共同体理念深入人心，同时国际环境日趋复杂，不稳定性、不确定性明显增加。"在此背景下，根据世界科技发展态势，保持战略定力和战略眼光，发挥新型举国体制优势，通过科技风险研判和预测与清晰的顶层设计和规划布局，优化资源配置和创新要素布局，集中有限的资源放在优先发展的关键科技领域，突出竞争性优势，塑造更多依靠创新驱动、更多发挥先发优势的引领型创新，是新形势下建设和强化国家战略科技力量的关键。

已有研究从完善国家创新体系总体布局、加快综合性国家科学中心建设、组织实施重大科技任务、强化基础研究、加强高水平创新主体建设、推进科研机构体制机制改革、优化战略科技力量的空间布局、促进科技成果转移转化、优化创新环境和资源配置等方面提出了强化国家战略科技力量的对策，但是面对新形势，我国科技评价体系、创新平台建设、战略性科技人才的系统培育与引进体系等方面还有一些关键问题需要进一步解决。因此，本研究将以习近平总书记的有关系列重要论述为根本遵循，在已有研究和对策的基础上，深入调研和分析新形势下我国强化国家战略科技力量面临的新问题、新需求，进而有针对性地研究和提出战略思路、对策体系和政策建议。

二、概念演进与典型案例

2013年7月，习近平总书记在视察中国科学院时指出："我们要建成创新型国家，要为世界科技事业发展做出贡献，必须有一支能打硬仗、打大仗、打胜仗的战略科技力量，必须有一批国际一流水平的科研机构。"2016年7月，国务院印发《"十三五"国家科技创新规划》，提出"加大持续稳定支持强度，开展具有重大引领作用的跨学科、大协同的创新攻关，打造体现国家意志、具有世界一流水平、引领发展的重要战略科技力量"，这是"战略科技力量"的提法首次出现在政府文件中。

2017年10月，党的十九大报告强调"加强国家创新体系建设，强化战略科技力量"，标志着国家战略科技力量建设上升为党和国家的意志。2018年5月，习近平总书记在两院院士大会上强调："要坚持科技创新和制度创新'双轮驱动'，以问题为导向，以需求为牵引，在实践载体、制度安排、政策保障、环境营造上下功夫，在创新主体、创新基础、创新资源、创新环境等方面持续用力，强化国家战略科技力量，提升国家创新体系整体效能。要优化和强化技术创新体系顶层设计，明确企业、高校、科研院所创新主体在创新链不同环节的功能定位，激发各类主体创新激情和活力。"首次强调了要明确创新主体在国家战略科技力量中的功能定位。

2019年10月，党的十九届四中全会提出要"强化国家战略科技力量，健全国家实验室体系，构建社会主义市场经济条件下关键核心技术攻关新型举国体制。"特别地指出了新型举国体制与强化国家战略科技力量的重要联系。2020年9月，习近平总书记在科学家座谈会上强调"要发挥高校在科研中的重要作用，调动各类科研院所的积极性，发挥人才济济、组织有序的优势，形成战略力量"，为高校和科研院所如何在打造国家战略科技力量中发挥作用指明了方向。

2020年10月，党的十九届五中全会指出："强化国家战略科技力量。制定科技强国行动纲要，健全社会主义市场经济条件下新型举国体制，打好关键核心技术攻坚战，提高创新链整体效能。加强基础研究、注重原始创新，优化学科布局和研发布局，推进学科交叉融合，完善共性基础技术供给体系。瞄准人工智能、量子信息、集成电路、生命健康、脑科学、生物育种、空天科技、深地深海等前沿领域，实施一批具有前瞻性、战略性的国家重大科技项目。制定实施战略性科学计划和科学工程，推进科研院所、高校、企业科研力量优化配置和资源共享。推进国家实验室建设，重组国家重点实验室体系。布局建设综合性国家科学中心和区域性创新高地，支持北京、上海、粤港澳大湾区形成国际科技创新中心。构建国家科研论文和科技信息高端交流平台。"这是首次具体从任务、领域、目标和举措等方面论述如何强化国家战略科技力量。

在党的正确领导下，无论是个体、高等院校、科研院所、企业还是创新平台，都涌现出了一批国家战略科技力量的典范。个体方面，朱光亚院士作为中国核事业的领航人，总览全局，心怀祖国，使我们的民族自强、自信、自力、自尊；高等院校方面，由郭光灿、潘建伟、杜江峰三位院士组成的中科大量子科技团队，打造了高校战略科技力量的样板，推动我国量子科技实现全球领先;科研院所方面,西安光机所以改革创新、服务发展,建设创新型国家为己任,承担并圆满完成探月工程等多项国家重大任务,将"硬科技"打造成为西安市建设科技之都、实现追赶超越的城市新名片;企业方面,中国电科在商业化浪潮席卷而来的洪流中,坚守"国家队""科技""电子信息"等本质特征,夯实主业,忠诚履行中央赋予的使命和责任,积极承担并圆满完成国家电子信息装备科研生产及保障任务,在国家党政信息化和行业信息系统建设中发挥了重要作用;创新平台方面,国家高速列车技术创新中心聚焦现代轨道交通技术领域,重点开展材料及结构、装备智能化、轨道交通系统和新能源融合应用以及导向运输系统模式多样化、运维与系统设备健康管理等方向的技术研究,成为强化应用基础研究、突破关键共性技术、开展工程化应用的国家战略平台。

尽管我国在部分领域已经形成了国家战略科技力量,但与美国等科技强国相比,从数量和质量上还需要极大的提升,如美国拥有40多个国家实验室或国家研发中心、70%左右的诺贝尔奖获得者、一流的研究型大学和世界一流的创新型企业,而我国国家战略科技力量薄弱、发展后劲不足的问题,将严重影响我国的经济、科技和社会安全以及国家科技创新实力提升、社会主义现代化强国建设进程。因此,研究接下来将从问题分析和对策研究两方面展开讨论。

三、问题分析与对策研究

新形势下加快打造国家战略科技力量,需要系统性解决如下问题:①在新一轮科技革命和产业变革不断加速、国际新冠疫情和世界经济形势严峻复杂、我国加快构建双循环新发展格局等多重叠加背景下,我国建设和强化国家战略科技力量的战略思路和顶层设计调整问题;②战略思路和顶层设计调整后的综合性国家科学中心布局建设问题,以国家实验室为代表的新型国立科研机构建设、创新平台建设及其体制机制创新问题,以及如何更好发挥高校、科研院所、企业研究机构在国家战略科技力量中的作用问题;③国家战略科技力量中各类创新主体在加强基础研究和关键核心技术攻关等不同方面的战略组合问题,各类创新主体在创新链不同环节的功能定位问题,以及促进各类主体协同创新和融通创新的制度政策供给问题;④如何更好构建和完善新型举国体制,实施前瞻性、战略性的国家重大科技项目、科学计划和科学工程,强化国家战略科技力量与市场主体的统筹协同,协同部署产业链和创新链,畅通创新价值链的关键环节,加快推进科技成果转移转化,提高创新链的整体效能;⑤围绕国家战略科技力量的创新环境优化和创新要素培育、整合、配置的提质增效问题。

其中最为迫切的,包括以下三个方面:一是科技评价体系不足。长期以来,追求短平快和个人利益导向的科技价值取向,使高校、科研院所与领军企业等核心科研主体存在对国家利益关注不够、科研力量与目标分散、科研组织协同性不高等问题,无法组织对关键核心技术长期的战略性攻关,原有的产业科研院所走向市场化后没能承担行业核心和共性技术开发的重大任务。二是创新平台建设不足,缺乏以国家重点实验室为核心的、面向关键核心技术与未来产业的国家级创新平台支撑国家战略科技力量的发展。创新平台的建设缺乏系统性、全局性的统筹,以及导向性、针对性的战略引领,导致各主要创新平台学科单一、领域狭隘、公益性不足,特别是对重点领域布局不足,难以快速、高效地响应国家重大战略需求。三是缺乏战略性科技人才的系统培育与引进体系。战略科技型人才与拔尖创新科技人才队伍长期面临储备不足、培养缺乏体系、引进缺乏针对性等问题。核心人才要素支撑能力不够,战略科学家与团队缺乏,国际地位及话语权有待提高。

针对上述问题,研究提出涵盖顶层设计、基础研究、技术创新、整体效能、关键支撑五个维度的对策框架(如图1所示)。

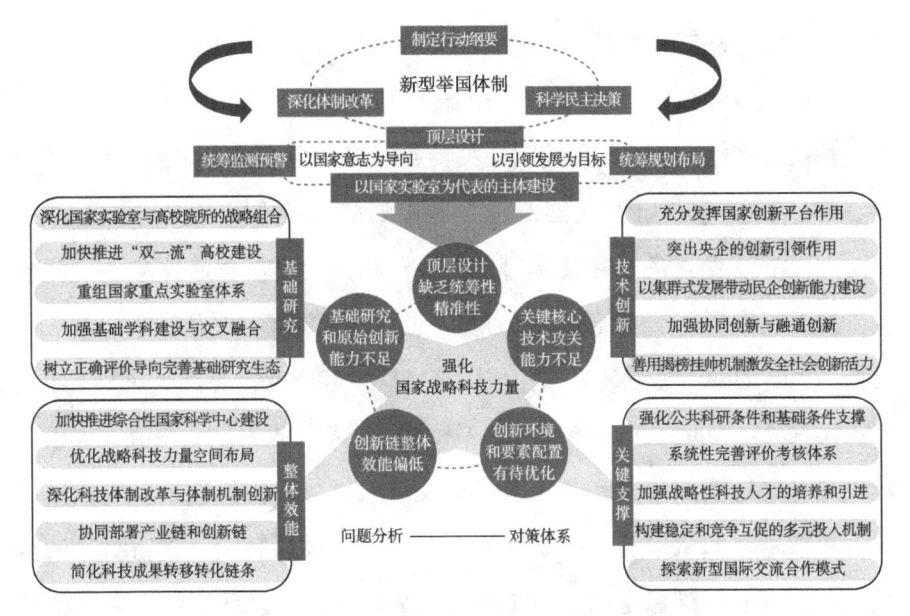

图 1　强化国家战略科技力量的对策框架

（一）高度重视国家战略科技力量的建设与发展，明确定位，持续支持

1. 发挥重要院所在科技创新"国家队"中的作用

进一步明确中国科学院、中国工程院作为国家战略科技力量的地位和作用，在发挥中国科学院在基础研究和行业技术开发的科技优势基础上，要进一步明确中国工程院作为国家战略科技力量的核心力量。与世界先进国家相比，我国的工程科技能力和水平名列前茅，在航天、电力、能源、轨道交通等领域取得了世界领先的水平，为此，发挥工程科技创新的优势，是进一步落实新型举国体制、提升破解行业关键技术"卡脖子"能力的关键。要尽快解决行业关键技术问题，就是要逐步恢复行业科研院所的"国家"属性，使其更多地从事战略性、公共性的科技项目。着眼于促进技术进步和增强自主创新能力，瞄准世界先进水平，开展以世界学科前沿问题和国家经济社会发展中的重大理论与实践问题为中心的基础研究、共性技术研发和工程技术研究，要大力提升重要院所进行有组织的科研和集

成攻关的能力，充分发挥其在国家重大科技计划中的牵头作用，组建有国家使命、集体荣誉感、团队战斗力的稳定科研团队，形成有生命力的国家战略科技力量。由中国工程院和相关行业部门共同承担行业科研院所的指导、监督功能，推动形成我国工程科技领域强有力的国家战略科技力量。

2. 进一步发挥高等院校在国家战略科技力量发展中的作用

高等院校是科技创新的重要力量，进一步发挥高水平研究型大学、行业特色大学的战略力量，对强化我国基础研究和产业核心技术开发工作具有重大意义。为此要进一步加强高等教育的改革，提升"双一流"大学的建设目标，把面向国家利益、国家重大需求作为高校科技工作的主攻方向，在鼓励教师从事自由探索的同时，进一步加强高校"有组织"的科研活动，形成一支稳定的、团结协作的战略性科研队伍，如清华大学的"200"号团队、中国科学技术大学的量子科技团队等，使高校科研更聚焦国家战略、更鼓励跨学科合作、更支持产学融合。

3. 突出有条件的国企和民企科技创新主体引领地位

大力提升中央企业和优秀民营企业的技术创新能力，以高强度的研发投入、高质量的创新产出、高效率的创新流程，抢占发展主动权，努力实现企业技术创新的自主可控。要积极培育百余家能够面向世界科技前沿、面向国家重大战略需求、具有较大原始创新能力的创新型领军企业，发挥其在前沿科技探索中的重要作用，以及在承担国家重大科技任务、突破产业关键共性技术、"卡脖子"关键核心技术等方面的重要作用。鼓励创新型领军企业带动中小企业共同建设创新联合体，建立风险共担、利益共享的协同创新机制，提高创新转化效率。

4. 形成大学、科研院所、企业联合攻关合力

立足现代化全局，加强科技创新整体规划，系统布局国家战略科技力量，明确科研院所、高校、企业在创新体系中不同的功能定位，制定在新型国家创新体系下各创新主体的长期规划，实现滚动式、可持续发展。秉

承面向国家需求和经济发展的目标，围绕关键核心技术研发谋篇布局，加强跨部门、跨主体、跨学科进行科研协同攻关能力，强化提升科技攻坚和应急攻关的体系化能力，构建系统、完备、高效的国家创新体系，激发各类主体创新激情和活力，形成自主创新的强大合力，构建功能互补、深度融合、良性互动、完备高效的协同创新格局。

（二）着力建设以国家重点实验室为核心的国家战略科技创新平台

在若干领域选择精干的科研团队，以稳定、非竞争投入的方式，长期支持一批从事国家基础性、战略性、公益性研究的科研团队。国家科技和研发适当向基础研究团队倾斜，解决这类学科和项目团队周期长、不确定性大以及市场机制有时"失灵"的问题。中央财政研发经费适当向基础研究倾斜，优化投入结构，并为之构建国家牵头、多元投入的基金体系。加大对冷门学科、基础学科和交叉学科领域及方向的长期稳定支持，鼓励广大科技工作者勇闯创新"无人区"。促进资源流动和学科交叉，逐步形成一批稳定服务于国家目标、解决社会发展重大科技问题的重点公益类科研团队和一支高水平的人才队伍。

以国家实验室新建、国家重点实验室重组、国家工程（技术）研究中心改革为契机，组建若干高水平的基础研究团队和关键共性技术研发团队。在若干重点领域加强前瞻布局和战略储备，加快推进国家实验室体系建设，实现国家实验室布局的结构优化、领域优化和区域协同。在重大科学前沿问题和领域加快布局一批重大科技项目，以实验室改革为契机，布局可能引发重大变革的基础研究和应用基础研究，稳定支持一批从事高水平基础研究和关键技术研发的团队，鼓励其产出更多原创理论和原创发现。

布局综合性国家科学中心和区域性创新高地建设。加强体制机制创新和要素集聚，大力推进北京、上海、粤港澳大湾区国际科技创新中心建设，在中西部地区构建若干高技术产业集聚区，支持有条件的地方建设区域科技创新中心，明确定位、优化布局，促进区域创新要素流通，打造区域经济增长极。统筹推进国家自主创新示范区和科创城等核心科创平台建设，强化创新链、产业链精准对接，高标准打造未来科创平台。

（三）着力培育战略性科学家和战略科技人才，以期形成国家战略科技力量的核心

构建战略性科学家的发现与有效识别机制。积极探索实施重大科技攻关项目"揭榜挂帅"等更开放的选人用人制度，瞄准基础研究、底层技术、颠覆性技术和"卡脖子"技术等并设定清单目标，建立健全符合这些项目特点和规律的人才与项目评价制度，打破国籍、户籍、身份、学历、年龄等限制，形成唯才是举的用人机制，让更多的"揭榜挂帅"战略科学家脱颖而出。

探索构建战略性科技人才与团队的培养与引进体系。明确战略科技人才培养中的战略导向、国际导向、未来产业导向以及创新协同导向，以整合式创新思维为引领，以科研与教育资源的供给、协同、调整与重组为核心，探索构建战略性科技人才的培养体系。加强国际科技交流与合作，通过健全高端人才引进战略来实现战略性科技人才的全球获取，不仅要关注科研环境、设施设备、评价激励等"硬"条件的建设，更应重视打造开放包容、平等沟通的科研"软"环境。

释放人才活力，建立健全战略科技人才成长进步的激励与保障。要进一步加大科技创新的机制改革，就要进一步释放人才的创造活力，破除"帽子"的不当限制；要适度延长评价周期，让更多的科研人才能安心从事难度大、周期长、风险高的科技项目，促进真正解决未来产业实际问题的原始创新和源头创新，避免盲目地迎合国际热点；要积极探索和落实科研成果的跨学科、跨领域互认机制，切实营造促进交叉研究的友好环境；要进一步规范科技伦理，树立良好的科研道德品质，注重更多有使命的科研、负责任的创新。

四、结论与展望

本文聚焦国家战略科技力量建设方面存在的主要问题，提出了较为完整的对策框架和对策体系，以期为加快建设国家战略科技力量输出实践与政策借鉴。在后续研究中，还可以进一步拓展几方面工作：一是深入研究我国在为实现"两个一百年"奋斗目标、实现中华民族伟大复兴的中国梦而团结奋斗以及加快构建"双循环"新发展格局等多重叠加背景下，我国建设和强化国家战略科技力量的战略思路和顶层设计调整问题，探索政治科技创新学术理论，为国家战略科技力量建设提供坚实的理论支撑和战略引领；二是积极推动基于底线思维的科技安全工程学研究，形成科技安全预警监测体系的组织运行模式设计和平台系统架构设计的科学方法论，推动关键核心技术的科学界定和分级管理，为国家战略科技力量提供着力点；三是深入探索国家战略科技力量中各类创新主体在加强基础研究、应用基础研究和关键核心技术攻关等不同方面的战略组合问题，在产业链、创新链不同环节的功能定位问题，以及促进各类主体协同创新和融通创新的制度政策供给问题，通过对现行政策文本进行全面梳理分析，跨领域剖析科技创新和经济、社会、文化之间的深层次联系，找出制约国家战略科技力量建设的关联性因素，并针对性提出联动完善的建议。

（陈劲，清华大学经济管理学院；朱子钦，清华大学技术创新研究中心）

参考文献

[1] LUNDVALL B A.National innovation system: towards a theory of innovation and interactive learning [M].London: Pinter, 1992.

[2] NELSON R R.National innovation systems: a comparative analysis [M].Oxford: Oxford University Press, 1993.

[3] 胡志坚.国家创新系统 [M].北京: 社会科学文献出版社, 2002.

[4] 张玲玲, 王蝶, 张利斌.跨学科性与团队合作对大科学装置科学效益的影响研究 [J].管理世界, 2019（12）: 199-212.

[5] 连瑞瑞.综合性国家科学中心管理运行机制与政策保障研究 [D].合肥: 中国科学技术大学, 2019.

[6] 张耀方.综合性国家科学中心的内涵、功能与管理机制 [J].中国科技论坛, 2017（6）: 5-12.

[7] 叶茂, 江洪, 郭文娟, 等.综合性国家科学中心建设的经验与启示: 以上海张江、合肥为例 [J].科学管理研究, 2018, 36（4）: 9-12.

[8] 中国科学院.世界科技强国: 中国与世界 [M].北京: 科学出版社, 2018.

[9] BOZEMAN B, BOARDMAN C.The NSF Engineering Research Centers and the University-Industry Research Revolution: A Brief History Featuring an Interview with Erich Bloch [J].The Journal of Technology Transfer, 2004, 29（3/4）: 365-375.

[10] 卞松保, 柳卸林.国家实验室的模式、分类和比较: 基于美国、德国和中国的创新发展实践研究 [J].管理学报, 2011, 8（4）: 567-575.

[11] 陈凯华, 于凯本.加快构建以国家实验室为核心的国家科研体系 [N].光明日报, 2017-12-07.

[12] 本刊特约评论员.强化国家战略科技力量是加快建设世界科技强国的关键 [J].中国科学院院刊, 2019（5）: 509-510.

[13] 胡智慧, 王建芳, 张秋菊, 等.世界主要国立科研机构管理模式研究 [M].北京: 科学出版社, 2016.

[14] 李艳红, 赵万里.发达国家的国家实验室在创新体系中的地位和作用 [J].科技管理研究, 2009, 29（5）: 21-23.

[15] 刘娅.英国国家战略科技力量建设研究 [J].中国科技资源导刊, 2019, 51（4）: 42-49.

[16] 中共中央关于制定国民经济和社会发展第十四个五年规划和二〇三五年远景目标的建议 [EB/OL].（2020-11-03）[2020-11-18].http://www.gov.cn/zhengce/2020-11/03/content_5556991.htm.

［17］陈套.推动科研范式升级强化国家战略科技力量［N］.科技日报，2020-08-21.

［18］CROW M，BOZEMAN B.Limited by Design：R&D Laboratories in the U.S. National Innovation System［M］.New York：Columbia University Press，1998.

［19］白春礼.中国科学院70年：国家战略科技力量建设与发展的思考［J］.中国科学院院刊，2019（10）：1089-1095.

［20］李志遂，刘志成.推动综合性国家科学中心建设增强国家战略科技力量［J］.宏观经济管理，2020，438（4）：57-63，69.

［21］任波，侯鲁川.世界一流科研机构的特点与发展研究：美国国家实验室的发展模式［J］.科技管理研究，2008，28（11）：61-62.

［22］刘文富.国家实验室国际运作模式比较［J］.科学发展，2018（111）：26-35.

［23］王晓飞，郑晓齐.美国研究型大学国家实验室经费来源及构成［J］.中国高教研究，2012（12）：56-59.

［24］周华东，李哲.国家实验室的建设运营及治理模式［J］.科技中国，2018（8）：20-22.

［25］庄越，叶一军.我国国家重点实验室与美国国家实验室建设及管理的比较研究［J］.科学学与科学技术管理，2003，24（12）：21-24.

［26］韩彦丽.国家实验室的建设和未来发展的思考：依托北京分子科学国家实验室的启示［J］.科研管理，2016，37（S1）：668-672.

［27］于冰，时勘.基于目标管理的国家实验室评价体系研究［J］.科技管理研究，2012，32（4）：33-36.

［28］周岱，刘红玉，叶彩凤，等.美国国家实验室的管理体制和运行机制剖析［J］.科研管理，2007，28（6）：108-114.

［29］龙云安，胡能贵，陈国庆，等.培育我国国家战略科技力量建制化新优势研究［J］.科学管理研究，2017，35（2）：18-21.

［30］贾宝余，王建芳，王君婷.强化国家战略科技力量建设的思考［J］.中国科学院院刊，2018，33（6）：12-20.

［31］JAFFE A B，LERNER J.Reinventing public R&D：Patent policy and the commercialization of national laboratory technologies［J］.The RAND Journal of Economics，2001：167-198.

［32］BOZEMAN B，CROW M.The Environments of US R&D Laboratories：Political and Market Influences［J］.Policy Sciences，1990，23（1）：25-56.

［33］寇明婷，邵含清，杨媛棋.国家实验室经费配置与管理机制研究：美国的经验与启示［J］.科研管理，2020，41（6）：282-290.

［34］陈劲，尹西明，阳镇.新时代科技创新强国建设的战略思考［J］.科学与管理，2020，40（6）：5-9.

[35] 武力.发挥新型举国体制优势强化国家战略科技力量[N].中国纪检监察报,2020-12-24.

[36] 王志刚.科技部党组传达学习党的十九届五中全会精神[EB/OL].(2020-11-04)[2020-11-18].http://www.most.gov.cn/kjbgz/202011/t20201104_159554.htm.

[37] 王志刚.加大对冷门、基础和交叉学科长期稳定支持[EB/OL].(2020-10-21)[2020-11-18].https://www.chi-nanews.com/gn/2020/10-21/9318858.shtml.

[38] 科技部,财政部.关于加强国家重点实验室建设发展的若干意见[EB/OL].(2018-06-27)[2020-11-18].http://www.gov.cn/xinwen/2018-06/27/content_5301344.htm.

[39] 陈劲,朱子钦.揭榜挂帅:从理论阐释到实践方案的探索[J].创新科技,2020,20(4):1-7.

[40] 季冬晓.实行"揭榜挂帅"等制度[N].光明日报,2020-11-16.

[41] 陈劲,朱子钦,季与点,等.底线式科技安全治理体系构建研究[J].科学学研究,2020,38(8):1345-1357.

[42] 陈劲,朱子钦,梅亮.意义导向的科技创新管理模式探究[J].科学学与科学技术管理,2019,40(12):3-18.

[43] 陈劲,朱子钦.关键核心技术"卡脖子"问题突破路径研究[J].创新科技,2020,20(7):1-8.

探索以企业为主导的创新发展模式

摘要："双循环"新发展格局下，加快推动企业从创新主体转变为创新主导，对于我国加快解决关键核心技术"卡脖子"问题、持续提升国家竞争力和全球高端资源的汇聚能力至关重要。我国企业的创新主导能力还相对不足，需要尽快从理论指引、顶层设计、能力提升、生态建设、要素配置等方面加大推动力度。本研究在对比分析航天科技、中车、华为、海尔、西门子、谷歌等创新型企业案例的基础上，提出中国情境下以企业为主导的创新发展模式。加强创新型领军企业的建设和进一步加强创新理论范式研究，是实现我国以企业为主的创新发展的实践诉求和理论保障。

一、引言

党的十八大以来，以习近平同志为核心的党中央高度重视企业创新工作。党的十九届四中全会提出要建立以企业为主体、市场为导向、产学研深度融合的技术创新体系，支持大中小企业和各类主体融通创新，创新促进科技成果转化机制，积极发展新动能，强化标准引领，提升产业基础能力和产业链现代化水平。首次提出了融通创新的概念，为企业强化在技术创新体系中的主体地位指明了方向。习近平总书记在科学家座谈会上强调，要发挥企业技术创新主体作用，推动创新要素向企业集聚，促进产学研深度融合。《中共中央关于制定国民经济和社会发展第十四个五年规划和二〇三五年远景目标的建议》进一步明确要提升企业技术创新能力，强化企业创新主体地位，并提出要支持企业牵头组建创新联合体，承担国家重大科技项目。发挥企业家在技术创新中的重要作用，鼓励企业加大研发投入，对企业投入基础研究实行税收优惠。发挥大企业引领支撑作用，支持创新型中小微企业成长为创新重要发源地，加强共性技术平台建设，推动产业链上中下游、大中小企业融通创新。

在党中央的坚强领导下，"十三五"期间，我国全社会研发经费支出从1.42万亿元增长到2.21万亿元，研发投入强度从2.06%增长到2.23%，其中企业研发投入占全社会研发投入的比重超过70%，规模以上工业企业中超过四成企业开展了技术创新活动，技术市场合同成交额翻了一番，2019年超过2.2万亿元。世界知识产权组织发布的全球创新指数显示，我国排名从2015年的第29位跃升至2020年的第14位。整体上，我国企业创新实现了量质齐升，企业创新主体地位不断强化。天问一号探测器成功着陆于火星乌托邦平原，在火星上首次留下了中国人的印迹，实现了从地月系到行星际的跨越，这是我国航天事业发展的又一具有里程碑意义的进展，也标志着以中国航天科技集团公司为代表的中央企业又一次成功主导完成了国家重大创新项目。

党的十九届五中全会指出："当前和今后一个时期，我国发展仍然处于重要战略机遇期，但机遇和挑战都有新的发展变化。当今世界正经历百年未有之大变局，新一轮科技革命和产业变革深入发展，国际力量对比深刻调整，和平与发展仍然是时代主题，人类命运共同体理念深入人心，同时国际环境日趋复杂，不稳定性、不确定性明显增加，新冠疫情影响广泛深远，经济全球化遭遇逆流，世界进入动荡变革期，单边主义、保护主义、霸权主义对世界和平与发展构成威胁。"双循环新发展格局下，面对世界环境、科技和产业发展态势发生的深刻复杂变化，保持战略定力和战略眼光，坚定不移地走中国特色自主创新和科技自立自强道路，加快培育以央企为代表的创新型领军企业，推动企业成为国家战略科技力量的重要组成部分，积极探索和落地以企业为主导的创新发展模式，对于更好地发挥国家重大战略需求和市场驱动作用，打通政产学研用链条，优化资源配置和创新要素布局，集中有限的资源放在战略性产业的关键科技领域，加快提升我国企业在全球价值链中的地位至关重要。

尽管我国核工业、航空航天、船舶、铁路、石化、能源、电力、通信、电子信息等产业的部分企业已经在事实上起到了本领域的创新主导作用，但与美、日、欧等发达国家和地区相比，我国创新型企业无论是数量还是质量都还有较大的提升空间。根据欧盟委员会发布的《2020欧盟产业研发投资记分牌》报告，2019年企业研发投入最多的三个经济体为美国（3480亿欧元）、欧盟（1890亿欧元）和中国（1190亿欧元）。从全球研发投入企业榜单来看，2019年全球研发投入最多的企业是美国的Alphabet

（由谷歌重组），达 231.6 亿欧元，同比增长 24.37%；微软研发投入仅次于 Alphabet，为 171.5 亿欧元，同比增长 14.18%；华为以 167.1 亿欧元的研发投入位列全球第三名，同比增长 31.23%。从企业研发投入 TOP20 榜单的公司数量上看，美国高达 10 家（这些企业均具有全球经济、社会、科技发展的强大主导能力），而中国仅华为 1 家，投入水平差距较大。根据波士顿咨询公司发布的报告，2021 年全球最具创新性的 50 家公司基本被美、日、韩、欧等国家和地区包揽，我国企业仅占其中 5 席，加快探索和落地以企业为主导的创新发展模式已经迫在眉睫。

已有研究大多从更好地发挥企业技术创新主体作用的角度探讨了如何加强政策协同和战略规划、深化政产学研协同、构建联盟网络、优选合作模式、完善企业创新生态系统、平衡竞合关系、发挥市场的驱动作用、培养企业家创新精神等问题，但是相关方案对策还不足以推动我国企业实现从创新主体向创新主导的转型。面对新形势和新要求，我国企业创新的理论指引、体制改革、能力提升、评价改革、平台建设、生态建设、要素配置等方面还有一些关键问题需要进一步解决。因此，本研究在深入调研和分析国内外创新型企业实践的基础上，提出新形势下我国加快培育创新型领军企业、推动企业成为国家战略科技力量、探索落地以企业为主导的创新发展模式所面临的新问题和新需求，进而提出针对性的政策建议。

二、以企业为主导的创新发展理论阐释

熊彼特在《经济发展理论》中将创新与发展紧密相连，认为创新是经济发展的根本现象，发展是创新的函数，也是创新的结果。通过创新催生新的技术、产品和产业，打破旧有的均衡，再通过新的创新进一步打破已有的均衡，如此反复螺旋上升，推动产品和产业不断升级，引领经济高质量发展。因此，创新不同于科技活动之处在于，创新是一种市场行为，必

须面向实际应用，能够接受市场的检验，更要遵循投入和产出的规律，带来"生产函数的变动"。基于这样的定位，直面市场并直接参与市场竞争的企业无疑应该是创新的主体，今后更应成为创新的主导者。

培育一批核心技术能力突出、集成创新能力强的创新型领军企业乃至世界一流创新企业，发挥其对技术创新方向、研发投入、成果转化等方面的主导作用，对加快创新引领和科技成果转化应用、彻底打通关卡，破解实现技术突破、产品制造、市场模式、产业发展"一条龙"转化的瓶颈具有重要作用。

（一）由企业主导创新决策

创新具有风险，科学新发现并不能天然适应国家产业发展战略需求与市场微观需求，也不能直接转化为技术创新成果和产品，这就需要企业来判断具有应用价值的科学研究和技术创新。企业作为创新决策主导者的作用就是对科学新发现应用和孵化为新技术的过程进行引导，以体现技术创新成果的科学价值、商业价值和国家战略价值的统一。一方面，企业能直面市场并直接参与市场竞争和国际竞争，从而更好地获悉市场需求、国家战略需求以及相应的科技创新需求，进而科学精准地把握和决策产学研协同创新的主攻方向；另一方面，只有以企业为决策的核心主导开展科研攻关，才能保证协同创新的成果迅速得到转化和应用，产生新产品，带来"生产函数的变动"，实现科技创新的市场价值和国家产业发展的战略价值。因此，企业作为创新主导者，首先要主导产学研协同创新的决策环节。

对于扮演创新主导角色的创新型领军企业而言，企业的创新决策不应仅仅停留在适应市场供求的层面，而是应该能够深刻洞悉新一代信息技术、新材料、新能源、新装备、生物技术等与工业技术的交叉融合趋势和未来产业的萌芽，前瞻性地引导新一轮科技和产业革命的发展方向，持续催生对人民群众生产生活影响巨大、对经济社会具有全局带动和重大引领作用的新场景和新业态，支撑未来经济增长，影响未来发展方向，在未来国家科技和产业竞争中起到中流砥柱的作用。

（二）由企业主导研发投入

科学高效的研发投入是企业孵化新技术的关键。企业作为创新的主导者，需要与高校、科研院所展开协同创新，通过投资参与基础科学发现向新技术的转化过程，甚至在新的科学思想产生阶段就深度参与，为新思想孵化为新技术提供研发投入，才能抢占新技术的先机，实现更高质量的基于科学的创新。企业的这种投入应当与国家的发展战略、产业和科技的变革方向、企业的长期发展需求相一致。需要注意的是，由于科技创新具有高风险性、高收益性、高投入性、高溢出性、高隐蔽性等特征，企业提前进入基础研究和新技术研发的投资风险较大。企业要想正确地确定创新投资的方向、方式和投资战略，一方面对企业家的创新决心、决策魄力、心理素质和洞察能力提出了极高要求，另一方面也必须以科学的规划、组织和财务制度流程来严谨地实施。在这个过程中，科研项目投资的遴选机制和方法至关重要，应当依靠来自产学研各界的专家群体智慧开展技术或项目的遴选与预测工作，充分挖掘德尔菲调查等典型方法的潜力。同时，重点加强国家战略性、前沿性、前瞻性问题的研究力度，利用诸如可以识别"未来场景涉及的关键影响因素"的情景分析法等，对具有多种发展可能的情景进行评估预测，并利用头脑风暴等具体操作模式，引导、收集、整理各类专家的知识涌现。具体标准包括：①维护企业科技安全；②原创性；③符合国家战略、产业和科技发展方向、市场、资源环境、综合效益等需求特征；④应从市场前景广阔、资源消耗低、带动系数大、就业机会多、社会综合效益好等方面进行评价；⑤以当前主导性高新技术产业为基础，能够支撑战略性新兴产业和未来产业发展。

（三）由企业主导科研组织

不同于马歇尔关于企业家是管理者的观点，熊彼特认为企业家最主要的职能和本领就在于可以把各种主体和要素创新性地组合在一起，从而催生出新的现象和新型生产力。作为企业家，一旦不能有效地组织创新，而只是执行日常的管理职能，那就只能是一个管理者了。因此，科研组织实施的主导者理应是企业主导创新的另一大主要角色。企业主导的产学研协同创新不仅要求创新型领军企业自身具备强大的科研攻关能力，也要求企业能够有效主导目标导向不一致的高校和科研院所的基础科研供给，这对创新型领军企业的创新组织和集成能力提出了很大挑战，这就需要综合运用"揭榜挂帅"和购买科研时间等新机制，国家技术创新中心、创新联合体、企业中央研究院等新平台以及整合式创新和融通创新等新范式。企业层面，西门子中央研究院通过履行应用研究、商业开发、标准制定与领导、技术与创新管理、技术集成、协同与服务六大职能，持续开发对企业未来业务而言具有战略意义的、跨领域的前沿技术，为保护公司长期积累的科技与创新财富、创造未来科技与创新的长期优势、维护公司技术上的统一与协同做出了重要贡献，也为推动西门子成为全球创新型领军企业立下了汗马功劳；平台层面，国家高速列车技术创新中心聚焦现代轨道交通技术领域，重点开展材料及结构、装备智能化、轨道交通系统和新能源融合应用、导向运输系统模式多样化、运维与系统设备健康管理等方向的技术研究，成为强化应用基础研究、突破关键共性技术、开展工程化应用的国家战略平台。

（四）由企业主导成果转化

科技成果的转移转化周期长、专业性高、不确定性大，往往需要半年甚至一年以上时间的运营投入才能达成交易。高校院所的科技成果转移转化目前主要依赖教师和研究人员的产学研合作关系，而职务发明人自己卖技术或者自己实施转化，不仅技术转移效率低，而且很容易出现"转而不化"的问题。因此，只有由科技成果的最终使用者——企业来主导成果转化过程，才有可能真正提高转化效率和转化效果。在具体实施过程中，基于市场导向、管运分离的理念，可着重扶持发展一批知识产权运营服务机构，建立"卖方机构—中介会员机构—买方机构"的业务价值链。通过技术交易市场和会员管理方式形成价值链条，建立知识产权运营服务机构的长效利益保障机制，支持专业运营服务机构开展专利整合、技术路演、技术推送、专利收储等市场化经营业务。在政策上，积极扶持发展专业化运营服务机构，如支持设立知识产权运营基金、依据促成技术交易金额给予中介会员机构奖励、制定技术经纪人才扶持政策等。从长远来看，创新型领军企业可以在适当时期主导知识产权制度运行的底层逻辑，运用联合体制、合伙制、基于平台战略的多边共赢合作激励机制，逐步推动从知识产权价值独占向更加注重价值创造和价值分享的逻辑转型。

三、企业从创新主体到主导的跃升：重点突破与理论支撑

创新主体和创新主导之间既有区别又有传承和紧密联系。从大方向上看，核心就是紧紧围绕推动高质量发展和构建新发展格局的需要，坚持创新在我国现代化建设全局中的核心地位，以全面提升企业技术创新能力为目标，以培育创新型领军企业、组建技术创新联合体、建设共性技术平台等为抓手，以完善国家技术创新体系建设及治理为支撑，以全面深化科技体制改革和开放创新为根本动力，不断完善创新政策体系建设，增强企业创新主体地位及主导作用。具体来看，企业发挥创新主体作用和主导作用之间的联系与区别主要可以从作用机制、平台建设、领导理念、治理模式四个方面加以理解（如表1所示）。

表 1 企业发挥创新主体作用和主导作用之间的联系与区别

对比项	主体作用	主导作用
作用机制	加强产学研合作	成为国家战略科技力量
		带动高校、科研院所协同创新
		加强大中小企业的融通创新
		推动企业风险投资和产业基金的设计
		善用"揭榜挂帅"和购买科研时间等机制
平台建设	企业技术中心	加强企业中央研究院的建设
		培育企业未来研究实验室
		加强国家技术创新中心建设
		构建企业创新生态体系
领导理念	企业家是经营者	企业家是创新者
治理模式	审批式治理	底线式治理

（一）加快培养创新型领军企业

从企业为主体到主导的创新发展，其重点工作是培育一批核心技术能力突出、集成创新能力强、引领重要产业发展的创新型领军企业。今后要大力提升领军企业的全球资源整合能力，支持领军企业系统布局创新链、构建国际化产业生态，鼓励企业在知识产权、技术标准等方面发挥引领作用。引导创新型领军企业面向世界科技前沿、面向国家重大战略需求加大创新投入，大力支持领军企业增强前沿性、战略性、原始性技术创新能力，充分发挥创新型领军企业在基础研究、原始创新中的应有作用以及在前沿科技探索和未来产业发展中的顶梁柱作用。支持创新型领军企业面向关键领域及交叉领域核心技术突破加大研发投入，提升高端装备制造、集成电路、人工智能、新能源新材料、生物医药等领域企业的国际竞争力。完善"链长制"，支持创新型领军企业面向关键领域"卡脖子"技术和产业共性技术突破加大研发投入，引导企业增强自主创新能力、提高核心竞争力。强化创新型领军企业在协同创新和融通创新中的主导作用，带动产业共性技术突破和产业技术创新能力发展，推动创新型领军企业成为维护产业链及供应链安全的主导力量。加快推进创新平台重组，优先在创新型领军企业中布局国家实验室、国家重点实验室、国家技术创新中心。

创新型领军企业评价应从"创新投入能力、创新产出能力、创新引领能力、创新管理能力"四个维度设计创新型领军企业技术创新能力评价指标体系，共选取4个一级指标、11个二级指标和26个三级指标，具体分类和说明如表2所示。

表2 创新型领军企业技术创新能力评价指标体系

一级指标	二级指标	三级指标
创新投入能力	创新人才	R&D人员占全部在岗人员的比重
		R&D人员中研究生学历人员的比重
		有影响力的国际性学术组织会士数量
		战略科学家数量
	研发资金投入	研发经费投入额
		研发经费强度
		基础研发强度
		年度培训强度
创新产出能力	知识产权与技术标准	产业技术标准制定数
		发明专利申请数
		技术诀窍数
		高质量论文完成数
	新产品收益	新产品（或工艺、服务、模式）销售收入占主营业务收入的比重
	成果转化	专利商业化率
	技术转让	专利所有权转让及许可收入
	项目与奖项	承担国家科技计划项目数量
		五年内获国家三大奖数量
	人才培养	两院院士数量
		每两年度产生的院士候选人数量
		国家高层次人才数量

续表

一级指标	二级指标	三级指标
创新引领能力	重大创新成果	前沿技术数
		颠覆技术数
		自主品牌的价值
	带动企业发展	所带动企业数量
		所带动企业经济规模
		所带动企业拥有知识产权数量
创新管理能力	企业在创新战略、创新目标及实施情况，技术领先水平、产品开发、组织及生态系统、数字化创新平台、创新文化建设及品牌培育情况	

（二）进一步研究以企业为主导的创新发展理论范式

在企业从主体作用到主导作用的角色转换过程，还涉及创新范式的全面转型（如表3所示），其中，在加快引入整合式创新、有意义的创新等创新范式的基础上，进一步加强自主创新、科技自立自强等内涵和评价指标体系研究，进一步明晰协同创新与融通创新的内涵、联系与区别（如表3所示），应是当前创新理论研究的重点。

表3　企业从主体作用到主导作用的创新范式转型

主体作用	主导作用
模仿创新（二次创新）	自主创新、科技自立自强
协同创新	融通创新
集成（组合）创新、全面创新	整合式创新（以战略创新带动自主创新和商业模式创新）
技术创新为主	以管理创新带动技术创新
负责任的创新	有意义的创新

在从以企业为主体的产学研协同创新到以企业为主导的各创新组织融通创新的理论范式研究过程中，可以发现基于企业主体思维的开放式创新与协同创新范式在面对"卡脖子"关键核心技术特别是产业共性技术突破过程中都有不同程度的局限性，融通创新作为一种全新的创新范式，聚焦

于以创新型领军企业为核心、大中小企业与各类其他创新主体之间的融通动力机制、各类创新要素的共享机制、创新成果转化与成果共益机制以及风险共担机制等多种机制,以实现各类创新主体尤其是大中小企业与"央企+民企"之间的融通创新。融通创新视角下,以企业为主导的创新发展模式主要通过创新制度与政策、产业链与创新链、大中小企业等创新主体、创新要素之间的四维融通过程,并在载体支撑层面以"央企+民企"创新联合体、产学研融通组织以及新型研发机构等组织模式实现产业共性技术突破。

四、结论与展望

以企业为主体、产学研结合的技术创新体系在建设创新型国家的进程中发挥了突出作用。在建设科技强国以及新型国际关系的情景下,探索以企业为主导的创新发展模式,是进一步落实党的十九届五中全会精神、加强国家战略科技力量建设和提升企业技术创新能力的新探索。本文聚焦以企业为主导的创新发展模式,初步进行相关的理论剖析、建设重点和创新理论构建等研究,使以企业为主导的创新发展模式能够行稳致远,为进一步完善新时期国家创新体系、推动科技强国建设做出理论贡献。

(陈劲,清华大学经济管理学院;朱子钦,清华大学技术创新研究中心)

参考文献

［1］中共中央关于制定国民经济和社会发展第十四个五年规划和二〇三五年远景目标的建议［EB/OL］.（2020-11-03）［2020-11-18］.http：//www.gov.cn/zhengce/2020-11/03/content_5556991.htm.

［2］多措并举强化企业创新主体地位（权威发布）［EB/OL］.（2019-05-25）［2020-11-18］.http：//politics.people.com.cn/n1/2019/0525/c1001-31102544.html.

［3］王志刚.过去5年，全社会研发经费支出从1.42万亿元增长到2.21万亿元——我国科技创新实现量质齐升［EB/OL］.（2020-10-22）［2020-11-18］.http：//www.gov.cn/xinwen/2020/10/22/content_5553192.htm.

［4］欧盟委员会发布《2020产业研发投资记分牌》报告［N］.人民邮电报，2021-01-08.

［5］波士顿咨询公司发布2019年全球前50名最具创新性的公司排名［EB/OL］.（2019-04-04）［2020-11-18］.http：//www.most.gov.cn/gnwkjdt/201904/t20190404_145995.htm.

［6］汪锦，孙玉涛，刘凤朝.中国企业技术创新的主体地位研究［J］.中国软科学，2012（9）：146-153.

［7］洪银兴.科技创新中的企业家及其创新行为：兼论企业为主体的技术创新体系［J］.中国工业经济，2012（6）：83-93.

［8］彭纪生，仲为国，孙文祥.政策测量、政策协同演变与经济绩效：基于创新政策的实证研究［J］.管理世界，2008（9）：31-42.

［9］FREEMAN C.Technology Policy and Economic Performance：Lessons from Japan［M］.London：Pinter Publishers，1987.

［10］武亚军.战略规划如何成为竞争优势：联想的实践及启示［J］.管理世界，2007（4）：118-129.

［11］ETZKOWITZ H，LEYDESDORFF L. The Dynamics of Innovation：From National Systems and "Mode2" to a Triple Helix of University-Industry-Government Relations［J］.Research Policy，2000，29（2）：109-123.

［12］陈劲，阳银娟.协同创新的理论基础与内涵［J］.科学学研究，2012，30（2）：161-164.

［13］陈劲.协同创新［M］.杭州：浙江大学出版社，2012.

［14］OZCAN P，EISENHARDT K M.Origin of alliance portfolios：Entrepreneurs，network strategies，and firm performance［J］.Academy of Management Journal，2009，52（2）：246-279.

［15］HOWARD M，STEENSMA H K，LYLES M.Learning to Collaborate through

Collaboration: How Allying with Expert Firms Influences Collaborative Innovation within Novice Firms［J］.Strategic Management Journal, 2016, 37（10）: 2092-2103.

［16］何郁冰, 张迎春.网络类型与产学研协同创新模式的耦合研究［J］.科学学与科学技术管理, 2015, 36（2）: 62-69.

［17］DAVIS J P, EISENHARDT K M.Rotating Leadership and Collaborative Innovation: Recombination Processes in Symbiotic Relationships［J］.Administrative Science Quarterly, 2011, 56（2）: 159-201.

［18］梅亮, 陈劲, 刘洋.创新生态系统: 源起, 知识演进和理论框架［J］.科学学研究, 2014, 32（12）: 1771-1780.

［19］陈劲.企业创新生态系统论［M］.北京: 科学出版社, 2017.

［20］CHESBROUGH H W.Open Innovation: The New Imperative for Creating and Profiting from Technology［M］.Harvard Business Press, 2003.

［21］万幼清, 王云云.产业集群协同创新的企业竞合关系研究［J］.管理世界, 2014（8）: 175-176.

［22］SCHUMPETER J A.Theory of Economic Development.Cambridge, MA: Harvard University Press, 1912.

［23］习近平.努力成为世界主要科学中心和创新高地［EB/OL］.（2021-03-15）［2021-04-06］.http://www.gov.cn/xinwen/2021-03/15/content_5593022.htm.

［24］陈劲, 朱子钦.揭榜挂帅: 从理论阐释到实践方案的探索［J］.创新科技, 2020, 20（4）: 1-7.

［25］陈劲, 尹西明, 梅亮.整合式创新: 基于东方智慧的新兴创新范式［J］.技术经济, 2017, 36（12）: 1-10, 29.

［26］陈劲, 阳银娟, 刘畅.融通创新的理论内涵与实践探索［J］.创新科技, 2020, 20（2）: 1-9.

［27］陈劲, 朱子钦.加快推进国家战略科技力量建设［J］.创新科技, 2020, 21（1）: 1-8.

［28］陈劲, 朱子钦, 季与点, 等.底线式科技安全治理体系构建研究［J］.科学学研究, 2020, 38（8）: 1345-1357.

［29］曲冠楠, 陈劲, 梅亮.有意义的创新: 基于复杂系统视角的交互耦合框架［J］.科学学研究, 2020, 38（11）: 141-150.

［30］陈劲, 朱子钦.关键核心技术"卡脖子"问题突破路径研究［J］.创新科技, 2020, 20（7）: 1-8.

［31］陈劲, 阳镇, 朱子钦."十四五"时期"卡脖子"技术的破解: 识别框架、战略转向与突破路径［J］.改革, 2020（12）: 5-15.

［32］陈劲, 阳镇.融通创新视角下关键核心技术的突破: 理论框架与实现路径［J］.社

会科学，2021（5）：58-69.

［33］陈劲，朱子钦，梅亮.意义导向的科技创新管理模式探究［J］.科学学与科学技术管理，2019，40（12）：3-18.

科技领军企业：定义、分类评价与促进对策

摘要：新发展阶段的本质特征是实现高水平自立自强，其核心在于强化以科技领军企业为代表的国家战略科技力量。本文探究了科技领军企业的定义、定位与特征，探讨了科技领军企业的分类思路与评价要点，并在此基础上提出了培育科技领军企业、发挥科技领军企业科技创新主导作用的对策思路，为建设和完善科技领军企业评价与促进体系、强化国家战略科技力量、全面提升国家创新体系效能和加快实现高水平科技自立自强提供理论与实践参考。

一、引言

党的十九届五中全会和国家"十四五"规划提出"坚持创新在我国现代化建设全局中的核心地位,把科技自立自强作为国家发展的战略支撑"。企业是国家创新系统的核心主体,科技领军企业更是我国全面提升国家创新体系效能的先锋队、参与国际科技竞争和掌握国际科技创新话语权的代表者。针对我国国家创新体系建设面临的原始创新能力不强、创新体系整体效能不高、科技资源整合不够、科技创新力量布局有待优化、科技投入产出效益较低、科技人才队伍结构有待优化、科技评价体系还不适应科技发展要求、科技生态需要进一步完善等系列问题,习近平总书记在 2021 年 5 月 28 日两院院士大会和中国科协代表大会发言时强调,要"强化国家战略科技力量,提升国家创新体系整体效能",并指出"国家实验室、国家科研机构、高水平研究型大学、科技领军企业都是国家战略科技力量的重要组成部分,要自觉履行高水平科技自立自强的使命担当"。这为深入理解科技领军企业的定义、内涵、定位与核心特征指明了新方向,更为新发展阶段通过制度和政策体系创新,加快培育一大批敢当、能当高水平科技自立自强使命的科技领军企业提出了新要求。

然而,虽然现有研究初步探讨了创新型企业、世界级企业、世界一流企业等概念、评价指标和发展路径,但对高水平科技自立自强和强化国家战略科技力量视角下科技领军企业的定义、核心特征、分类评价和促进路径的研究尚属空白。尤其是强化国家战略科技力量视角下,科技领军企业显著不同于以往的创新型企业或世界一流企业,不再是传统的依靠商业模式或运营优化而打造的综合竞争力,而是以高强度的硬科技投入和硬科技产出,尤其是以原始性创新和引领性创新为核心特征和竞争优势来源的企业,更能够有效整合产业链和创新链资源、面向国家科技自立自强使命、带动全产业链创新升级以及国家创新体系效能提升并代表国家参与国际科技竞争的领军企业。

在这一背景下,系统探究科技领军企业的定义、核心特征与分类评价思路,对建设和完善作为国家战略科技力量的科技领军企业评价体系,进而加快培育一大批敢当、能当科技自立自强使命任务的科技领军企业、加快推动高水平科技自立自强和建设面向未来的世界科技强国,具有重要的理论意义与实践价值。

二、科技领军企业的定义、定位与核心特征

(一)科技领军企业的定义与核心特征

科技领军企业是指具有明确的科技创新愿景使命和科技创新战略及完善的组织体系,科技创新投入水平高,在关键共性技术、前沿引领技术和颠覆性技术方面取得明显优势,能够引领和带动产业链上下游企业,有效组织产学研力量实现融通创新发展,并在产业标准、发明专利、自主品牌等方面居于同行业国际领先地位的创新型企业。

其中,具有明确的科技创新愿景使命,并同国家高水平科技自立自强使命有效整合,是科技领军企业显著区别于一般创新型企业和科技型企业的关键特征。愿景是领导者的经营哲学、企业核心价值观和发展使命的集中体现,其不但是组织的精神动力,也是组织可持续发展的保障,更能够服务于组织经营,进而持续提升组织绩效。一系列的研究表明,伟大的组织能够实现基业长青,最主要的条件并非结构或管理技能,而是超越经济目标的信念驱动。中国的科技领军企业不但肩负着探索和拓展企业创新体

系、实现科技领先、造福产业和社会发展的使命，更需要积极主动担负起建设世界科技强国和实现高水平科技自立自强、保障国家产业和经济安全的政治担当和社会使命，这也是新时代中国特色企业家精神的底色所在。

明确的科技创新战略及完善的组织体系是科技领军企业得以持续发展的基石。根据对 BCG 全球最具创新力企业榜单的统计，自 2005 年以来，每年都能进入前 50 强榜单中的企业仅有 8 家，仅有 12% 的企业连续入榜 10 次以上，包括 Alphabet/Google、Amazon、Apple、HP、IBM、Microsoft、Samsung 和 Toyota 等 20 家企业。可见，企业若要做到稳定的持续创新是异常艰难的。然而，在快速变化的外部环境及日趋激烈的竞争环境下，连续性创新能力对于打造科技领军企业来说又是必不可少的。只有对创新不断探索才能使企业在变动的外部环境中保持着持续的竞争优势。对此，企业能否构建强大的创新体系，即是否具有明确的科技创新战略及完善的组织体系，以实现对技术创新的有效管理，是确保科技领军企业持续发展的基石。纵观微软、苹果、IBM、BASF、西门子、3M、航天科技、航天科工、中车、国家电网、中集、华为等国内外科技领先的企业，不但能够通过明确的科技创新战略和完善高效的组织管理体系实现核心技术的积累与重大突破，更能够通过对时代需要、产业技术前沿变革趋势和国家战略方向的前瞻性洞察，及时调整创新战略、更新组织文化和架构，实现持续的科技创新能力跃迁，持续引领产业技术创新和竞争能力提升。

高强度的科技创新投入是科技领军企业实现技术引领的保障。创新作为一项长周期、高投入、高不确定性和复杂性的创造性活动，不但需要伟大的愿景使命、明确的科技创新战略和完善的组织体系，更需要持续高强度的资源投入。尤其是在技术经济范式加速跃迁、市场竞争白炽化、全球创新环境复杂化的数字经济时代，高强度的科技创新投入是实现关键核心技术"卡脖子"问题突破、打造企业动态核心能力和推进颠覆性创新并引领技术前沿、掌握未来技术主动权的根本保障，也是科技领军企业跨越

"创新陷阱"和技术成果产业化的"达尔文之海",实现技术与市场互为促进、创造持续技术引领优势的底气所在。根据2020年欧盟发布的产业研发投资排行榜,以Alphabet、Apple、HP Inc.、IBM、Microsoft等为代表的17家公认的科技领军企业无一例外都有着高强度的研发投入比例。17家企业的平均研发投入为696.6亿元,研发强度为8.4%。其中,Alphabet以1857亿元占据榜首,研发投入比例达到16.1%,对比我国,华为、百度、中车等企业近些年发展迅猛,技术创新能力突出,已经具备较强的自主创新能力和国际竞争力,包括华为、阿里巴巴、中车等10家企业在内的研发投入均值为328亿元,与世界科技领军企业研发投入均值的半数仍有差距。其中,仅华为以1340亿元的研发投入总额超过世界科技领军企业的均值。然而,这并不意味着一味地强行要求企业提高研发投入。企业仍应当注重研发投入结构的优化问题,并能够通过战略创新和企业创新体系的优化,实现高强度研发投入与高水平创新成效和创新成果市场化。

关键核心技术领域的科技创新引领性优势以及在产业发展中的引领作用是科技领军企业的必备特征。科技领军企业不但要在所处行业和技术领域实现持续的重大原始性创新突破,还需要灵活的创新体系来保障持续的技术跃迁,保持自身的科技创新引领性优势;此外,更加重要的是,科技领军企业不能够止步于自身强大和科技领先,更要能够作为产业链的"链主",主动承担起引领产业创新水平不断提升、带动所在行业"集体出海"共同参与全球价值链竞争的责任,为中国企业"走出去"和参与全球竞争提供技术、产业链和价值链的协同、集成和赋能支持,尤其是通过重大应用场景、重大科技专项和参与共建重大科学基础设施来牵引完善创新链、激活各类创新要素,并为"专精特新"的产业链内中小创新型企业提供重要的新技术、新产品、新方案,以跨越"首台套"的创新鸿沟提供应用场景和产业化平台,进而带动中国企业集群式崛起,为制造强国和科技强国建设提供由点到线及面的系统性支撑。

在产业标准、发明专利、自主品牌等方面居于同行业国际领先地位是科技领军企业从"大"到"强"再到"久"的重要创新绩效跃迁。放眼全球，世界领先的科技创新企业不但是市场占有率高、销售和营收绩效好、市值规模大的企业，更是在高质量发明专利、产业标准和自主品牌等方面显著超越同行业、同领域、同时代的其他企业。高水平科技自立自强视角下的科技领军企业，不但要在科技创新方面具备研发投入规模、市场表现、科技成果等"大"的特征，更要有研发投入密度高、高质量发明专利多、产业创新话语权大等"强"的表现，还需要拥有深度参与国家科技创新标准体系制定、培育系列自主创新品牌和输出中国特色科技创新管理模式等"久"的影响力。也即，科技领军企业作为国家战略科技力量和新型国家创新体系的重要和主导性创新主体，需要在科技创新成效方面兼具雄厚的创新规模、良好的创新效益、优化的创新布局和持续引领国家科技创新、促进世界科技进步的能力和潜力。

（二）科技领军企业的定位

被誉为"创新的先知"的熊彼特在其经典著作《经济发展理论》中指出，伟大的企业和企业家是时代的产物，也是推动时代转型与社会进步的中坚力量。创新是国家和民族进步的核心驱动力，更是科技领军企业立身之本、使命承担之源。科技原创能力和引领能力是科技领军企业进一步实现效率、效益和品质领先，持续引领国内外资源配置、创新链整合、行业技术创新、全球产业发展和推动社会进步的根基所在。

我国要实现建设社会主义现代化强国目标，跻身创新型国家前列，需要有一批技术创新能力突出、整合创新能力强、具备国际竞争力的科技领军企业，需要其充分发挥在提升企业技术创新能力、强化国家战略科技力量、引领带动产业发展、增强我国产业国际竞争力中的重要作用，为我国建设科技强国提供有力支撑。

习近平总书记在2021年两院院士大会和全国科协代表大会的讲话中指出，科技领军企业要发挥市场需求、集成创新、组织平台的优势，打通从科技强到企业强、产业强、经济强的通道。要以企业牵头，整合集聚创新资源，形成跨领域、大协作、高强度的创新基地，开展产业共性关键技术研发、科技成果转化及产业化、科技资源共享服务，推动重点领域项目、基地、人才、资金一体化配置，提升我国产业基础能力和产业链现代化水平。这一讲话指明了科技领军企业在创新中的主导性、平台性和牵引性定位及功能作用。

在强化国家战略科技力量、加快实现高水平科技自立自强的视域下，发挥科技领军企业创新资源优势，可以进一步增强我国产业的自主创新能力及核心竞争力，打造原创技术策源地，履行作为国家战略科技力量实现高水平科技自立自强的使命担当，充分发挥企业出题者的作用，构建以企业为中心，高校、科研院所围绕企业创新开展科研活动，以企业为主导推动创新发展的新模式。发挥科技领军企业在产业链融通创新中的引领作用，牵头组织各类创新主体实现融通创新，加快突破产业共性技术、关键核心技术、"卡脖子"技术，保障产业链安全，提升供应链水平，特别是带动科技型中小企业走科技创新发展道路，共同促进传统产业升级、探索前沿科技、发展未来产业、抢占全球未来产业制高点、掌握产业发展主动权。

概言之，国家战略科技力量视域下的科技领军企业，是"国家"的科技领军企业，是超越一般意义上的龙头企业、"链主"企业和"隐形冠军"企业，是以关键核心技术、颠覆性技术、未来产业技术等技术创新为核心推进全面整合式创新的企业，是立足中国、面向全球深度参与国家战略科技领域竞争的世界级企业，更是有意愿、有能力和有实力持续引领科技创新、持续提升产业和国家创新体系效能的世界一流企业。

三、科技领军企业的分类与评价思路要点

（一）科技领军企业的分类

对科技领军企业开展分类评价和培育的过程中，要统筹"四个面向""五大领域""两类需求""两个能力"。

第一，要瞄准"四个面向"进行分类评价和培育。"坚持面向世界科技前沿、面向经济主战场、面向国家重大需求、面向人民生命健康，不断向科学技术广度和深度进军"。习近平总书记2020年9月11日主持召开科学家座谈会，把脉我国发展面临的内外环境，着眼"十四五"时期加快科技创新的迫切要求，以"四个面向"指明了科技创新方向和科技领军企业培育方向。能否坚持一个或多个"面向"，将其融入企业自身发展的长期愿景和使命并坚定不移地贯彻落实，是判断一个企业是否有资格成为国家战略科技力量视域下的科技领军企业的重要前提。

第二，要聚焦五大技术领域。科技领军企业作为中国企业参与科技强国建设和国际科技竞争的"国家队"，需要聚焦党的十九大、十九届五中全会提出的关键共性技术、前沿引领技术、现代工程技术、颠覆性技术四类技术领域，以及"十四五"规划和习近平总书记在两院院士大会讲话上提出的未来产业技术，共五类技术领域，打基础、补短板、强能力、抢先机。

第三，"两类需求"是从战略性和关键性需求出发。一类是国家战略支柱型产业所迫切需要和长远需求的。包括石油天然气、基础原材料、高端芯片、工业软件、农作物种子、科学试验用仪器设备、化学制剂等方面的关键核心技术，亟须科技领军企业牵头，协同高校院所和各类主体全力攻坚，加快突破一批药品、医疗器械、医用设备、疫苗等领域关键核心技术。另一类是事关发展全局和国家安全的基础核心的前沿与未来技术领域。包括人工智能、量子信息、集成电路、先进制造、生命健康、脑

科学、生物育种、空天科技、深地深海等前沿领域，以及需要瞄准未来科技和产业发展的制高点，前瞻部署一批战略性、储备性技术研发项目的领域。

第四，"两个能力"分别是当下承担国家科技自立自强使命责任和国家重大战略任务的科技领先硬实力，以及不断引领产业科技创新突破与跃迁、带动培育更多科技领军企业"预备队"的引领性能力。进入新发展阶段，我国科技创新战略正在从追赶型迈向引领型，科技创新路径也正在从点的突破到线的跃升和系统突破。而科技领军企业正是实现创新引领型发展和国家创新体系系统性突破的重要和基础性主体，必须要超越一般意义上的产业龙头企业或产业链"链主"企业的概念，在打造自身的科技创新领先能力的同时，进一步强化和发挥对推动产业链创新链融合、加速带动产业链整体创新水平提升的引领能力。"打铁还需自身硬"，科技创新的领先性侧重科技领军企业作为具体科技或产业领域的市场化创新主体所必须打造的科技创新硬实力，也是承担国家使命的"底气"所在；科技创新的引领能力则侧重科技领军企业作为国家战略科技力量，对整合创新链、促进产业链价值链融合、全球竞争力提升的牵引与带动能力，尤其是通过整合创新资源、联合高水平研究型大学等其他国家战略科技力量打造高能级创新联合体、推动创新链和产业链深度融合的能力。前者侧重"领先性"，后者侧重"引领性"，两个能力有机协同和整合，才能担起"领军"的旗帜性角色。

（二）科技领军企业的评价思路要点

一是坚持以国家使命为先导。强化国家战略科技力量视角下的科技领军企业，不再是分散的单纯以市场化的方式和为单纯的经济效益驱动而开展创新活动，而是站在国家政治使命的高度，自觉承担国家高水平科技自立自强的使命和战略任务，持续高强度地投入科技创新、优化创新模式和提升科技创新成效,实现面向科技自立自强使命承担的"使命意愿(Mission)—履责能力(Capability)—引领成效(Performance),M-C-P"三位一体,进而协同其他国家战略科技力量,全面建设新型国家创新体系,支撑国家创新体系效能整体提升和科技强国建设战略目标实现。因此,要从是否愿意主动承担国家高水平科技自立自强的使命,并主动强化自身的科技创新领先能力、增强产业链创新引领能力,实现持续的关键核心技术、产业共性技术突破与卓越创新成效等多个维度综合评价和培育科技领军企业。

二是科技创新项目组织从经济利润驱动的自由探索和追赶模式,转向以国家重大需求为导向的有组织的研发模式。科技自立自强视角下的国家战略科技力量致力于从国家战略全局的高度出发,通过大跨度、纵深的有组织的研发模式,整合创新资源、多元创新主体和环境要素,解决事关国家科技安全、产业安全和国家发展、国计民生等根本性和重大问题,而不仅仅局限于某个区域和某一科技项目。有组织的科研和企业技术创新模式要求企业面向国家重大需求和经济社会主战场,超越传统的单一自由探索式基础研究模式和纯粹的市场利润导向的工程技术与应用研究模式,转变为使命牵引、问题和重点需求相结合的综合导向。

三是兼具强大的自主创新能力和产业发展引领能力的"双核"优势。科技领军企业作为新发展阶段国家战略科技力量的中坚力量,首先是"打铁还需自身硬",需要在产业关键共性技术、前沿技术和颠覆性技术方面具有领先能力,能够在产业技术自主创新能力、联合攻关能力、应急科技保障能力、国际科技竞争能力等一个或多个方面代表国家在某一产业或技术领域的最高水平;其次是能够"团结一致共奋进",通过集成创新和整合创新资源,在支撑平台建设、构建产业生态、带动产业发展等方面发挥引领及辐射带动作用,提高产业安全可控程度,提升产业链现代化水平。

四是要坚持评价的梯度性、动态性和分级分类公开性。动态性是指分阶段以评促建，建立梯度和退出机制。同时，需要做到评价指标的公开透明和公平性原则，但同时，"国之利器不可轻易示人"，考虑到国际竞争的激烈程度和科技领军企业参与国际市场竞争所需要的国际性支持，对于前沿技术和未来技术相关、公布后可能会引起国际围堵的科技领军企业或"预备队"，则要采取分类分级地公开或有选择地公开。

四、培育科技领军企业的对策思路

一是要立足长远，坚持科技是第一生产力、创新是引领发展的第一动力，将坚持创新在现代化建设全局中核心地位和坚持企业创新主体地位统一在高水平科技自立自强的国家战略目标中，进一步突出科技领军企业的创新主导性地位。面向"十四五"乃至2035年，我国要实现建设社会主义现代化强国目标，跻身创新型国家前列，需要培育或支持一批核心技术能力突出、集成创新能力强、国际科技竞争话语权大的科技领军企业，把科技的力量转化为经济和产业竞争优势，为新发展阶段塑造发展新优势、实现高水平科技自立自强提供有力支撑，更为我国2050年建成世界科技强国、成为世界科学中心和创新高地的远景战略目标提供持续的强有力支撑。

二是要深化认识、树立标杆意识，以标杆带动先行先试和系统优化。正如张赤东等学者指出的，树立科技领军企业的客观、通用、公开和动态的评估标杆（树标杆），设立专项科技政策、专项基金和人才政策，鼓励并支持更多的创新型企业达到标杆而成为科技领军企业（上标杆），同时鼓励并支持已上标杆的企业能继续保持并适当提高对标能力（保标杆），从而实现我国科技领军企业持续涌现并不断成长，进而壮大成为科技领军企业梯队和集群，在越来越多的重要产业中发挥创新主导、引领发展的重要作用。在树立标杆意识的基础上，要充分发挥标杆价值，引领带动有组织的科研探索和科技创新模式的先行先试。一是要组建由科技领军企业牵头、多元主体协同参与的大创新团队，平衡好短期功利目标、长期科学目标与市场竞争优势获取的关系，实现从基础研究、原始性创新突破到产业化应用和价值实现，再到反馈带动基础研究突破的"创新闭环"和加速创新；二是要大胆探索科技创新的新型组织模式，以科技领军企业和创新型中央企业为科技创新先行先试示范区，改革重大科技项目立项、攻关和组织管理模式，深入推进实施"揭榜挂帅""赛马"等制度，切实做到"创新不问出身，英雄不论出处"，激活全社会、全员和全要素参与实现科技自立自强的活力和创造力。

三是要发挥新型举国体制的优势，以体系化和整体性思想，前瞻性、系统性地科学布局和有组织地培育。中央和地方政府各部门要充分发挥国家作为重大科技创新组织者、引导者的作用，通过支持周期长、风险大、难度高、前景好的战略性科学计划和科学工程，重点抓系统布局、系统组织、跨界集成，把政府、市场、社会等各方面创新力量拧成一股绳，鼓励支持围绕科技领军企业为龙头的产业链布局和完善创新链，为科技领军企业全面提升科技创新策源能力、创新牵引能力和国际科技竞争话语权提供制度性支持、重大科学源头支持和前沿不确定性技术的早期重大应用场景支持，形成未来的整体性优势。而在竞争性领域、具体资源分配和创新协同过程以及非科技主导型的创新领域（如商业模式主导型创新），则应该充分发挥市场在资源配置中的决定性作用，通过市场需求引导创新资源有效配置和创新收益分配的激励相容，形成推进科技创新的强大合力。

四是要着重推动科技领军企业牵头整合集聚创新资源，打造由科技领军企业牵头、高校院所支撑、多元主体高效协同的高能级创新联合体。构建跨领域、大协作、高强度的创新基地，提升产业共性关键技术研发、科技成果转化及产业化商业化、科技资源共享服务能力，在加速提高我国产业基础能力和产业链供应链安全稳定上发挥更大作用。尤其是要引导和支持科技领军企业推进跨行业、跨领域的关键共性技术开发和资源整合,从而与国家实验室、高水平研究型大学、国家科研机构和区域综合型国家科学中心等战略科技力量形成有效整合,联合实现关键零部件、高端材料和高端软件与行业应用生态等方面的突破和持续创新,带动所在产业创新能力的持续升级与跃迁,并通过知识溢出和市场化的成果转化应用机制,带动技术相关产业的产业链创新能力提升与创新竞争力的跃迁。

五是要鼓励科技领军企业牵头探索企业主导型的科技创新模式。由科技领军企业牵头,高校院所支撑、各创新主体相互协同,打造促进重大原始性创新和产业核心技术、未来技术持续突破的高能级创新联合体,发展高效强大的共性技术供给体系。尤其是要着重提高科技领军企业在技术创新体系中的主体地位和主导作用,发挥企业出题者作用,构建以企业为中心,高校、科研院所围绕企业开展科研活动,以企业为主导推动创新发展的新模式,促进科技领军企业成为重大科技方向的提出者和科技成果的应用者,引导高校院所围绕企业和产业创新面临的重大和关键共性问题提炼科学研究问题,构建和推进有组织的科研体系与成果转化生态系统建设。在此基础上,加快提升国企,尤其是中央企业的创新活力、创新效率和创新质量,充分发挥创新型领军企业和科技型中小企业的创新生力军作用,培育一大批敢当、能当高水平科技自立自强使命的科技领军企业"预备队",牵引形成国有企业和民营企业共生共创,大企业与中小企业高效协同发展的新生态,提高科技成果转移转化成效,为建设面向未来的科技创新强国、实现高水平科技自立自强和参与全球科技竞争与治理提供持久的动力源。

六是要充分发挥中央企业等国有企业在培育科技领军企业中的优势作用和核心使命担当。国有企业,特别是中央企业大多数处于事关国家安全和国民经济命脉的关键行业和重要领域,同时肩负着推进科技自立自强、振兴实体经济和履行国家政治使命的多重角色与使命,是党和国家事业发展的重要政治基础、物质基础和系统支撑。习近平总书记2021年1月11日在省部级主要领导干部学习贯彻党的十九届五中全会精神专题研讨班上的讲话中指出："要全面加强对科技创新的部署……适合部门和地方政府牵头的要牵好头，适合企业牵头的政府要全力支持。中央企业等国有企业要勇挑重担、敢打头阵，勇当原创技术的'策源地'、现代产业链的'链长'。"对此，中央和各级政府以及国有企业的主要负责人需要紧紧抓住科技创新这一核心动力，全面强化党对国有企业的领导效能，加快推进国有经济结构调整和布局优化，坚定不移推进国有企业的优化重组工作，使之切实承担起高水平科技自立自强的使命和战略任务；以创新型中央企业和龙头国企为基础，联合一流研究型高校院所打造面向关键核心技术、未来前沿技术和颠覆性技术的创新平台和高水平创新联合体，为实现大中小企业、国有和民营企业融通创新提供持续的平台和应用场景支撑，并全面提高科技成果转移转化成效，为持续推进战略高技术领域突破和高端产业、未来产业创新竞争力提升提供高效强大的平台支撑；瞄准事关国家科技安全和经济安全的空白但关键必争领域培育一批科技领军企业，加快突破"卡脖子"问题的同时，在未来世界科技竞争中积极占先和"卡位"，赢得主动权，塑造更多先发优势。

（尹西明，北京理工大学管理与经济学院；陈劲，教育部人文社科重点研究基地清华大学技术创新研究中心；刘畅，清华大学经济管理学院）

参考文献

[1] 陈劲.科技创新：中国未来30年强国之路[M].北京：中国大百科全书出版社，2020.

[2] 陈劲，尹西明，阳镇.新时代科技创新强国建设的战略思考[J].科学与管理，2020，40（6）：1-5.

[3] 张赤东，康荣平.培育科技领军企业重在树标杆[N].科技日报，2021-07-12（1）.

[4] 习近平：在中国科学院第二十次院士大会、中国工程院第十五次院士大会、中国科协第十次全国代表大会上的讲话–新华网[EB/OL].（2021-05-28）[2021-06-02].http://www.xinhuanet.com/politics/leaders/2021-05/28/c_1127505377.htm.

[5] 方阳春，黄太钢，薛希鹏，等.国际创新型企业科技人才系统培养经验借鉴：基于美国、德国、韩国的研究[J].科研管理，2013，34（S1）：230-235.

[6] 陈劲，尹西明.世界级企业的经营管理模式[J].企业管理，2019（7）：12-16.

[7] 蓝海林.建立"世界级企业"：优势、路径与战略选择[J].管理学报，2008（1）：9-13.

[8] 黄群慧，余菁，王涛.培育世界一流企业：国际经验与中国情境[J].中国工业经济，2017（11）：5-25.

[9] 张振刚，陈一华，肖丹.世界一流制造企业的特征、演进与启示[J].中国科技论坛，2020（7）：99-110.

[10] 尹西明，陈劲，贾宝余.高水平科技自立自强视角下国家战略科技力量的突出特征与强化路径[J].中国科技论坛，2021（9）.

[11] 尹西明，陈劲.高水平科技自立自强与新型国家创新体系[J].群言，2021（8）：15-18.

[12] 陈劲.推动科技领军企业的建设与发展[J].清华管理评论，2021（5）：1.

[13] 陈劲，阳镇，尹西明.新时代企业家精神的系统性转型：迈向共益型企业家精神[J].清华管理评论，2020，83（Z2）：26-35.

[14] 陈劲，李佳雪.打造世界级创新企业：基于BCG全球最具创新力企业报告的分析[J].科学与管理，2020，40（1）：1-8.

[15] SCHUMPETER J A.Theory of Economic Development[M].New edition.New Brunswick, N.J：Routledge，1934.

[16] 陈劲，朱子钦.七方面重点发力，加快迈向高水平科技自立自强[N].科技日报，2021-07-08（006）.

[17] 贾宝余，王建芳，王君婷.强化国家战略科技力量建设的思考[J].中国科学院院刊，2018，33（6）：544-552.

[18] 陈劲，阳银娟，刘畅.融通创新的理论内涵与实践探索［J］.创新科技，2020，20（2）：1-9.

[19] 陈劲，郭彬，杨伟.世界一流企业的科技创新管理体系［J］.企业管理，2021（6）：112-115.

[20] 陈劲，尹西明.中国科技创新与发展 2035 展望［J］.科学与管理，2019（1）：1-7.

[21] 陈劲，尹西明，阳镇.包容创新环境 建设创新强国［N］.经济参考报，2021-01-12（007）.

[22] 白光祖，曹晓阳.关于强化国家战略科技力量体系化布局的思考［J］.中国科学院院刊，2021，36（5）：523-532.

[23] 陈劲，朱子钦.探索以企业为主导的创新发展模式［J］.创新科技，2021，21（5）：1-7.

[24] 乔为国，孔欣欣.企业主导的产业链创新：新范式与政策着力点［J］.中国科技论坛，2013（2）：5-9.

[25] 陈劲，尹西明.建设新型国家创新生态系统加速国企创新发展［J］.科学学与科学技术管理，2018，39（11）：19-30.

[26] 李兆辰，杨梦俊，郑世林.国有企业改革与中国地区经济发展［J］.中国经济史研究，2018（2）：160-173.

主动进取还是被动规避：企业家精神对企业价值共创的影响研究

摘要：互联网技术的发展逐渐改变了顾客参与价值创造的方式，顾客由以前企业产品和服务的被动接受者转变为产品和服务创造的积极参与者。在此情景下，企业的柔性组织结构被构建，一方面为顾客参与价值创造提供路径保障，另一方面激发企业内部员工积极主动响应顾客需求。组织成员充分的自主性提高了组织的机会识别能力，组织全员而非仅限于领导层成员逐渐具备了企业家精神。企业家精神能够影响企业创新和价值共创，但是相关研究多是从组织层面展开，对员工个体参与其中的影响关注不足。员工个体层面的企业家精神强调了自主性，这与员工的调节焦点息息相关。调节焦点理论认为偏好促进型自我调节的个体倾向于采取主动进取的趋近策略以达成目标，而偏好防御型自我调节的个体倾向于利用被动规避策略实现目标。员工调节焦点的不同会对员工工作投入程度产生差异化的影响，进而影响企业的价值共创。因此，本文在企业家精神与价值共创关系的研究中引入工作投入和调节焦点两个变量，考察企业家精神基于工作投入和调节焦点影响价值共创的机制。本文采用问卷调查的方法收集了 356 份有效问卷，利用 SPSS 19 和 Amos 23 等数据分析软件，检验并构建了理论模型。研究结果显示：企业家精神正向影响企业价值共创；工作投入各维度在企业家精神与价值共创之间发挥部分中介作用；促进型调节焦点分别正向调节企业家精神与工作投入、价值共创之间的关系；促进型调节焦点加强了工作投入在企业家精神与价值共创之间的中介作用。结合研究结果，本文有如下研究贡献：本研究弥补了企业价值共创研究在组织成员个体特质层面探讨的不足；对企业家精神的以往研究主要聚焦在创新创业层面，在组织扁平化、网格化发展的趋势下，本研究进一步丰富了企业家精神在企业价值共创方面的研究；基于工作资源要求模型考察了工作投入在企业家精神与价值共创间的中介作用，同时基于调节焦点理论考察了调节焦点在企业家精神与工作投入、价值共创间的调节作用，明晰了企业家精神和企业价值共创两者间关系的内部关系机制。

一、引言

传统的商业思维认为价值由企业创造，顾客只是通过与企业进行交易而获得价值。伴随着互联网技术的发展，顾客的个性化需求不断增强，并对产品和服务产生过程的参与欲望不断提升，顾客不再是被动的产品和服务购买者，而是转变为价值创造过程的积极参与者。与顾客共同创造价值已经成为企业获取竞争优势的重要来源。在企业价值创造过程中，企业家精神包含了其追求创新的冲动，企业家精神意味着不断迎接市场挑战、打破市场均衡、在变化中发现新机遇并创造新的生产组合。企业家精神能够承受不确定性，并被运用于所有承受不确定性的情境。与此同时，在企业全员参与管理的组织变革框架下，组织全员而非仅限于领导层成员具备企业家精神，组织成员充分的自主性提高了组织的机会识别能力，且组织成员的自主性能够影响其内在动机并促进创新。已有研究表明，企业家精神能够影响企业创新和价值共创，但是相关研究多是从组织层面进行展开，对员工个体参与其中的影响关注不足。

个体动机、能力、态度和情感等是企业创新研究在个体层面重点关注的影响因素。工作投入强度能够反映出员工为了工作绩效而投入的体力、认知和情绪方面的能量。关于工作投入的研究表明，个体高水平的工作投入能提高其角色内行为绩效，并促使其将更多的角色外行为纳入自身的工作职责中。高水平工作投入的企业成员会更加积极地参与企业的创新活动。此外，有研究表明，激发员工的使命感等参与动机，也能够提高员工的工作投入。调节焦点能够揭示人们的参与动机，并经常被用作调节变量，以研究个体自我调节对创新行为的影响。调节焦点理论认为，偏好促进型自我调节的个体在追求目标时关注希望、发展和成功，倾向于采取主动进取的趋近策略以达成目标，而偏好防御型自我调节的个体则关注义务、职责和安全，偏好于利用被动规避策略实现目标。换言之，工作投入和调节焦点以及两者的相互作用在探讨企业家精神对企业价值共创的影响过程中发挥着重要的作用。

鉴于此，本研究在企业家精神与价值共创关系的研究中引入工作投入和调节焦点两个变量，考察企业家精神基于工作投入和调节焦点影响价值共创的机制，为企业的价值共创实践提供理论依据。

二、文献回顾及研究假设

（一）企业家精神与价值共创

企业家精神的关键在于创新，在创新的过程中，开发新产品或新服务的机会被确认、被创造，最后通过开发新产品或新服务提高企业财富创造的能力。广义上，Mises（1949）认为企业家精神适用于所有承受不确定性的情境，员工因其存在在哪工作以及从事什么工作等的不确定性，也具备企业家精神；而狭义上，企业家精神则是要在现实的市场中实现生产结构和商业模式，企业家承受资本在何时以何种方式投入何种生产的风险。换言之，企业家精神主要体现在创新生产技术或生产要素的新组合。企业家精神通常被认为包含创新精神、冒险精神和开创精神三个维度。创新精神指企业家能够不囿于现实条件的拘泥，依靠敏锐的洞察力，在经济发展过程中抓住变化中的机遇进行创新创造。冒险精神指企业家能在不确定环境中超越对未来无知的恐惧，不断尝试，并敢于承担由于决策条件不足而带来的风险。开创精神则是指企业家对现存的机会保持警觉并随时准备发现它，敢于打破现状和传统的条条框框，开创新的事业，通过当前行为创造未来。

企业家精神对企业发展具有重要作用：一方面，企业家精神具有凝聚力，能够团结企业核心力量，激励员工开展工作，发展企业核心竞争优势；另一方面，企业家精神能够推动企业把握时机，创新生产技术或生产要素的新组合并通过竞争对旧组合加以消灭，打破市场的均衡状态，实现创新并获得利润。此外，企业家精神能够正向促进企业现有内外之新组织的创立、更新及创新等活动。而用户参与的企业价值共创行为是企业的创新选择。换言之，企业家精神能够提供给消费者参与企业价值创造的机会和条件，并且勇于承担失败带来的风险。据此，本文提出以下假设。

H1：企业家精神与价值共创具有正向关系。

（二）工作投入的中介作用

工作投入被认为是一种和工作相关的、充实的、积极的情感与认知状态，具有活动、奉献和专注的特征，在工作过程中往往体现为高能量水平和强烈的工作认同感。根据自我决定理论，认为工作对自身和企业有意义的组织成员会提高对工作的认同感、胜任感和控制感，同时还会增加对成长、学习和发展的需求，从而提高工作投入度。具有企业家精神的组织成员往往具有较高的创新意识，热爱事业，坚韧执着，具有高度的敬业精神。同时，具有企业家精神的个体表现出更强的经营精神、创新精神和基于长期生产发展的战略决策精神，对经营目标和自身工作有更强的使命感。因此，具备企业家精神的组织成员会更偏好风险且对预期目标充满热情，对企业经营目标和自身工作更有责任感，更乐于并更专注于工作投入。据此，本文提出以下假设。

H2：企业家精神与工作投入具有正向关系。

目前，已有大量研究证实，工作投入能够正向影响工作满意度、工作绩效、组织公民行为。基于动机理论对员工工作绩效的实证研究表明，基于工作完成后的成就感的工作动机越强，工作绩效越高，具有高水平工作投入的员工往往精力充沛且心理健康，能够通过认知、情感等多方面来实现自我价值，提高工作绩效。Rich 等（2010）指出，当工作投入水平较高时，组织成员能够全方位地投入工作，与工作建立紧密的情感连接，角色内绩效显著提升。此外，高投入水平的组织成员会超越本职工作，将更多的角色外行为纳入自己的工作范围内。即高水平的工作投入不仅能够促进高绩效产出，还能促进企业创新。因此，本研究认为工作投入能够正向影响价值共创。

工作资源要求模型指出，工作资源可通过激发内在动机、加大工作投入带来更多的积极行为。工作资源指的是工作中的身体因素、心理因素、社会因素或组织因素，这些因素通常具有实现工作目标、促进个人发展、减少心理消耗的作用，由于同时具有内在和外在的激励作用，工作资源被认为是工作投入的重要前因变量。企业家精神作为组织成员的特质，是组织的稀缺资源，企业家精神的缺失不仅会导致组织成员对个人角色和责任的认知不足，而且会使其感到行为失控，工作缺乏自主性，抑制工作投入；反之，具有企业家精神的组织成员会不断开发自我潜力，提高创新创造的能力，并提升自我的胜任感，进而提高工作投入。而工作投入能够使员工在工作场所获得幸福感，触发其内在动机，使其主动求变、积极创新，进而提高组织创新绩效。据此，本文提出以下假设。

H3：工作投入与价值共创具有正向关系。

H4：工作投入在企业家精神和价值共创之间起中介作用。

（三）调节焦点的调节作用

调节焦点理论指出，存在两种自我调节体系使个体趋利避害：一是关注奖励和目标的促进型调节焦点，二是关注惩罚的防御型调节焦点。促进型调节焦点的个体倾向于追求"理想"自我，追求发展和变革，注重创造性优势和新颖性行为；防御型调节焦点的个体倾向于固守"应该"自我，关注安全和保障，注重维持常规和保持现状。具体而言，促进型个体有较强的自我提升导向，渴望实现理想自我，受自身理想和抱负的驱使更愿意承担风险，表现出更多未来导向和变革导向的行为；而防御型个体则相对保守，为保持现有状况而不愿意承担额外风险，表现出更多任务导向和责任导向的行为。偏好促进型调节焦点的个体更乐意承担风险，从而提高其工作投入程度，对企业的创新和变革行为有显著正向影响；偏好防御型调节焦点的个体的创新创造意识更低，工作投入程度相对较低，对企业的创新和变革行为有负向影响。此外，Brockner & Higgins（2001）指出，调节焦点不仅是一个与个性偏好相关的个体特质变量或一种心理特征，也是个体的一种状态性变量，是可以被影响或引导的。不同个体的企业家精神存在差异，对风险的偏好程度也不同。因此，本研究认为，具备企业家精神的组织成员会受到个体调节焦点的调节，一方面能够影响企业的价值共创，另一方面会造成不同程度的工作投入，最终影响企业的价值共创。据此，本文提出以下假设。

H5a：促进型调节焦点强化工作投入在企业家精神与价值共创之间的中介作用。

H5b：促进型调节焦点正向调节企业家精神对价值共创的影响。

H6a：防御型调节焦点弱化工作投入在企业家精神与价值共创之间的中介作用。

H6b：防御型调节焦点负向调节企业家精神对价值共创的影响。

综上，本研究的主要研究变量关系模型如图1所示。

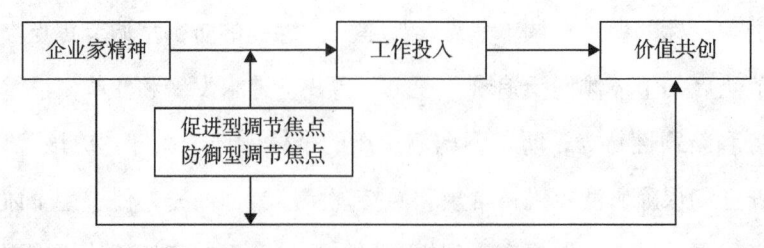

图1 主要研究变量的关系模型

三、研究设计

（一）研究样本

本文通过网络问卷平台分两个时段对多家企业人员进行调查，企业来源包括北京、天津、广东、辽宁、四川、内蒙古、江西、湖南、福建、山东、湖北、江苏、上海等地区，调研时间为2019年10月和12月，涉及制造、金融、新兴科技等多个行业。第一次收集问卷256份，第二次收集问卷263份，共计519份，删除填写不完整等无效问卷后得到有效问卷356份，有效回收率为68.59%。其中，男性201人，占比56.46%；21~30岁、31~40岁和41~50岁的人居多，各占30.06%、36.24%和26.40%；本科学历占比50.56%；任职时间以3年以内和10年及以上居多，各占39.61%和36.80%。样本特征如表1所示。

表1 样本特征

样本特征		样本数量	百分比（%）
职员性别	男	201	56.46
	女	155	43.54
职员年龄	21~30岁	107	30.06
	31~40岁	129	36.24
	41~50岁	94	26.40
	51岁及以上	26	7.30

续表

样本特征		样本数量	百分比（%）
职员学历	高中及以下	43	12.08
	专科	68	19.10
	本科	180	50.56
	硕士及以上	65	18.26
工作年限	3年以内	141	39.61
	4~6年	63	17.69
	7~9年	21	5.90
	10年及以上	131	36.80

（二）变量测量

本研究采用国内外成熟量表对变量进行测量，问卷具有良好的内容效度，除控制变量外，变量测量都采用Likert-5级评分法。

企业家精神的测量选用Covin和Slevin（1989）编制的量表，该量表包括9个题项，如"我总是有许多源源不断的创意"等，总量表的α系数为0.884。工作投入的测量选用张轶文和甘怡群（2005）翻译修订的Utrecht量表，该量表因素结构在不同文化、不同职业群体中保持稳定，信效度良好，是使用最广泛的工作投入测量量表，分为活动、奉献、专注3个维度。其中，活动（5题），如"在工作中，我感到自己迸发出能量"等；奉献（5题），如"早上一起床，我就想要去工作"等；专注（5题），如"我在工作时会达到忘我境界"等，总体α系数为0.960。调节焦点的测量选用Higgins等（2001）开发的RFQ量表，该量表为很多研究调节焦点的学者所使用与证明，并且具有较好的信效度表现。其中，促进型调节焦点量表有6个题项，如"在完成一些对于我很重要的事情时，我总会表现得很好"等，总体α系数为0.812；预防型调节焦点量表有5个题项，如"在成长过程中，我曾做过超出父母容忍范围的事情"等，总体α系数为0.858。价值共创的测量采用Pimentel和Oliveira（2010）整理编制的量表，包含 12 个题项，如"我们公司和顾客一起估算他们下个季度的需求量"等，总体 α 系数为 0.949。

本研究的控制变量包括员工性别、年龄、学历、在目前企业中的任职年限等。

四、数据分析与研究结果

（一）区分效度与共同方法偏差检验

本研究所用量表的 Cronbach's α 系数在 0.80 与 0.96 之间，均大于 0.70 的接受标准，表明所用量表均具有良好的信度；运用 Amos 23 软件对问卷进行验证性因子分析，结果显示，各量表的 NFI、CFI 值均大于 0.9，SRMR、RMSEA 值均小于 0.08，表明所用量表均具有较好的构念效度。

研究中涉及同一调查对象填写多个量表的情况，可能会出现共同方法偏差的问题。对此，研究运用 Harman 单因子方法检验数据的同源性变异程度。首先，采用旋转主成分对问卷所有项目进行因子分析；其次，设定因子数为 1，根据得到的一个因子判断共同方法偏差程度；最后，检验得到一个因子仅解释整个数据变异的 29.86%，低于 40% 的临界标准，故共同方法偏差问题并不严重。

（二）描述性统计与相关分析

本文采用 SPSS 对各变量进行描述性统计分析和相关分析，表 2 给出了所有研究变量的均值、标准差及变量间的相关系数。企业家精神与工作投入、价值共创显著正相关，工作投入与价值共创显著正相关。综上，H1～H3 初步得到验证。

表2　研究变量的描述性统计与相关分析（N=356）

变量	M	SD	1	2	3	4	5	6	7	8
1 性别	0.22	0.41								
2 年龄	3.11	0.93	−0.22**							
3 学历	2.76	0.91	0.16**	−0.23**						
4 任职年限	2.40	1.33	−0.15**	0.71**	−0.23**					
5 企业家精神	3.12	0.63	−0.15*	0.01	−0.11	0.10*				
6 促进型调节焦点	3.14	0.58	−0.09	−0.02	0.10	0.08	0.65**			
7 防御性调节焦点	2.38	0.66	−0.13*	−0.14	0.06	−0.12	−0.21**	−0.71**		
8 工作投入	4.42	1.59	0.01	0.08	−0.04	0.08	0.41**	0.42**	−0.01**	
9 价值共创	3.15	0.70	−0.12*	0.05	−0.01	0.02	0.43**	0.46**	−0.11**	0.42**

注：性别：0-男，1-女；年龄：1-20岁及以下，2-21~30岁，3-31~40岁，4-41~50岁，5-51~60岁，6-61岁及以上；学历：1-高中及以下，2-专科，3-本科，4-硕士，5-博士；任职年限：1-3年及以下，2-4~6年，3-7~9年，4-10年及以上。* $p<0.05$，** $p<0.01$。

在采用SPSS进行模型检验前，本文先对各变量进行中心化处理，以降低多重共线性的影响。各变量方差膨胀因子（VIF）在2.330~4.618之间，低于临界值10，变量间不存在严重的多重共线性。

（三）工作投入的中介效应检验

研究构建了嵌套式结构方程模型以验证H4。模型A是完全中介模型，路径是从企业家精神到工作投入的各维度（活动、奉献、专注），再由工作投入各维度到价值共创。模型B是部分中介模型，在模型A的基础上增加从企业家精神到价值共创的直接路径。模型C则是直接作用模型，企业家精神和工作投入都直接作用于价值共创。通过比较各个模型的拟合情况可知，模型B各项指数显示数据与模型匹配良好。据此，H4得到验证，同时H1、H2、H3再次得到证实。检验结果详见表3和图2。

表3　结构方程模型拟合结果（N=356）

模型	x^2	Df	x^2/df	RMSEA	GFI	CFI
模型A	1238.793	315	3.944	0.091	0.720	0.816
模型B	859.478	298	2.884	0.045	0.919	0.972
模型C	1226.568	309	3.969	0.100	0.788	0.864

注：模型A=完全中介模型；模型B=部分中介模型；模型C=直接作用模型。

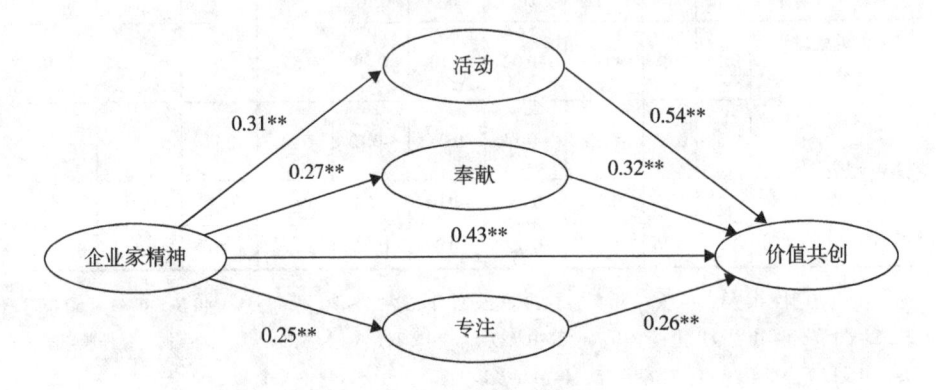

注：**p<0.01，***p<0.001。

图2　工作投入的部分中介效应

（四）调节焦点的调节效应检验

为了验证H5a、H5b和H6a、H6b，本文采用Aiken和West（1991）检验调节作用的方法对变量进行分层回归。首先，把自变量企业家精神和调节变量调节焦点中心化，然后将控制变量纳入回归模型；其次，将自变量和调节变量一起纳入回归方程考察各自的主效应；最后，将自变量×调节变量（交互项）纳入回归模型考察两者的交互效应。结果表明，企业家精神×促进型调节焦点交互效应显著，如表4所示（β=0.234，P<0.01；β=0.281，P<0.01）。因此，调节焦点显著调节企业家精神对工作投入和价值共创的影响（交互项分别解释工作投入和价值共创24.5%和33.1%的方差变异量），据此，H5a和H5b得到支持，H6a和H6b被拒绝。

表4　调节焦点的调节效应检验（N=356）

变量	工作投入					
	模型1	模型2	模型3	模型4	模型5	模型6
性别	0.039	0.100*	0.092	0.093	0.092	0.088
任职年限	0.037	−0.018	−0.032	−0.037	−0.021	−0.023
企业家精神		0.261***	0.275***	0.213*	0.274***	0.187**
促进型调节焦点			0.261	0.156		
企业家精神 × 促进型调节焦点				0.234**		
防御性调节焦点					−0.07	−0.198
企业家精神 × 防御型调节焦点						0.171
R^2	0.032	0.225	0.260	0.264	0.229	0.230
△R^2	0.015	0.209	0.243	0.245	0.212	0.210
F	1.897**	14.426***	15.260***	13.815***	12.910***	11.497***

变量	价值共创					
	模型7	模型8	模型9	模型10	模型11	模型12
性别	−0.057	0.017	0.008	0.006	0.020	−0.011
任职年限	0.020	−0.046	−0.062	−0.055	−0.703	−0.049
企业家精神		0.242***	0.339***	0.152**	0.135***	0.165*
促进型调节焦点			0.238	0.051		
企业家精神 × 促进型调节焦点				0.281**		
防御性调节焦点					0.026	−0.260
企业家精神 × 防御型调节焦点						0.185
R^2	0.018	0.295	0.341	0.347	0.296	0.300
△R^2	0.001	0.281	0.326	0.331	0.280	0.282
F	1.0789	20.825***	22.473***	20.473***	18.222***	16.483***

注：* $p<0.05$；** $p<0.01$；*** $p<0.001$.

为进一步分析调节焦点的调节作用，本文依据 Aiken 和 West（1991）提出的方法做调节效应图，回归交互结果如图3、图4所示：促进型调节焦点正向调节企业家精神与工作投入、企业家精神与价值共创间的关系，与H5a、H5b结果一致。

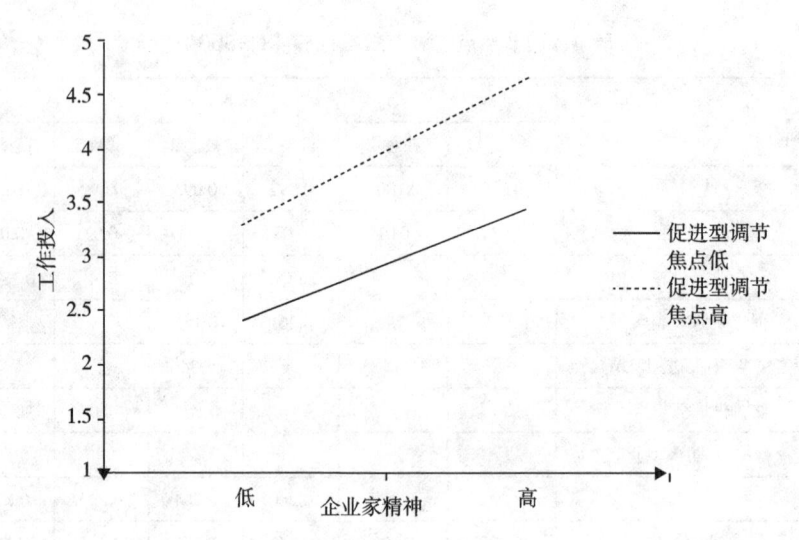

图 3 促进型调节焦点对企业家精神与工作投入间关系的调节效应图

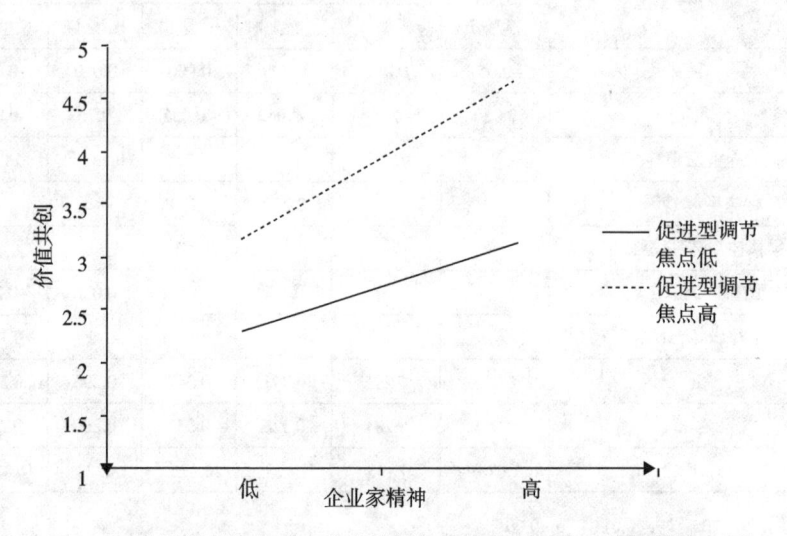

图 4 促进型调节焦点对企业家精神与价值共创间关系的调节效应图

五、结论与讨论

（一）研究结论

本研究以企业家精神为自变量，以价值共创为因变量，通过引入工作投入，揭示了企业家精神对企业价值共创的影响机制。鉴于个体调节焦点能显著影响其创新行为，通过引入调节焦点作为调节变量，研究构建和验证了一个有调节的中介作用模型，研究结论总结如下。

①企业家精神对企业价值共创有正向促进作用。这表明企业家精神有利于企业的价值共创，印证了 Drucker（1985）关于企业家精神促进企业产品或服务创新最终提高企业财富创造能力的论述。具备企业家精神的组织成员在工作过程中更乐于冒险，更积极地投入创新活动，并敢于承担创新失败的风险，进而促进企业价值共创行为。②工作投入部分中介企业家精神对价值共创的正向促进作用。企业家精神不仅对企业价值共创有直接效应，还通过影响组织成员工作投入的活动、奉献和专注维度进而对企业价值共创产生间接效应。③促进型调节焦点调节了企业家精神与工作投入、企业价值共创间的关系。相较于低促进型调节焦点，高促进型调节焦点对企业家精神与工作投入、价值共创间的关系具有更强的正向调节作用。

防御型调节焦点对企业家精神和工作投入、价值共创间的调节作用未被验证，其原因可能在于：①组织内部企业家精神所形成的整体氛围是积极进取的，在鼓励创新和变革的过程中，组织可能出台了一系列允许创新和变革失败的措施，因而就可能降低防御型调节焦点对整个组织的影响。②现阶段的企业运营逻辑，特别是员工与企业之间的关系逐渐发生变化，由雇佣关系向合作关系转化，在企业运营过程中员工不再仅是参与者，而是整个运营体系的拥有者，由于与自身利益直接挂钩，企业惩罚措施所起的作用逐渐降低。

除假设 H6a 和 H6b 外，本研究的其他假设均得到验证，得到企业家精神对企业价值共创的影响机理模型，如图 5 所示。

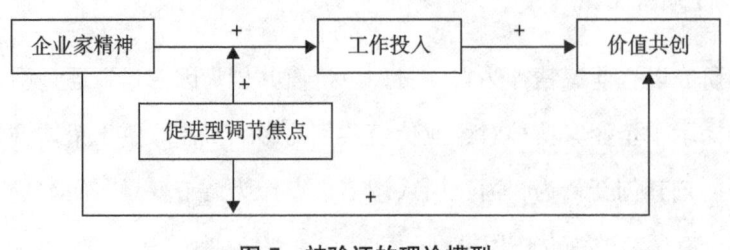

图 5　被验证的理论模型

（二）理论及实践贡献

本研究的理论贡献包括：①价值共创的过往研究关注企业内部的资源和能力，以及与顾客的互动机制和资源整合策略，缺乏对价值共创过程的深入探讨，本研究弥补了企业价值共创研究在组织成员个体特质层面探讨的不足。②以往研究对企业家精神的探讨主要聚焦在创新创业层面，在组织扁平化、网格化发展的趋势下，本研究进一步丰富了企业家精神在企业价值共创方面的研究。③基于工作资源要求模型考察了工作投入在企业家精神与价值共创间的中介作用，同时基于调节焦点理论考察了调节焦点在企业家精神与工作投入、价值共创间的调节作用，明晰了企业家精神和企业价值共创两者间的内部关系机制。

本研究的实践管理启示包括：①企业的价值共创活动应该挑选并配备具有企业家精神的组织成员，此外，选用具有促进型调节焦点的组织成员能够进一步提高企业价值共创绩效。②由于个体的调节焦点能够被引导，企业可通过引导组织成员的促进型调节焦点来改变其企业家精神对价值共创的态度及行为，包括企业文化、制度、管理氛围等，推动企业价值共创。③企业价值共创绩效的提升还可以通过恰当的激励手段以及引导教育，激发组织成员的参与动机和积极性，提高其工作投入程度，最终提高价值共创绩效。

（三）研究不足及未来展望

本研究至少还存在以下不足：首先，研究采用样本调查对象自评的方式收集问卷，虽然验证发现同源偏差不严重，但是未来研究可以考虑采用员工互评的方法，进一步避免同源方差偏差的影响。其次，本研究属于横截面研究，为进一步明确各变量之间的关系，未来可以考虑使用纵向跟踪研究，验证本研究所验证的理论模型。再次，基于 Mises（1979）的研究，本研究将企业家精神的研究范畴从企业家拓展到组织成员范畴，探讨其对企业价值共创的影响，但组织成员的企业家精神的内涵和传统意义的企业家精神的内涵是否一致还有待进一步讨论。未来可以考虑在自管理的组织框架下，结合定性和定量研究深入探讨组织成员企业家精神的内涵，并重新审视传统企业家精神量表在维度划分、题项设计等方面的合理性，进一步推动企业家精神在组织成员范畴的实证测验研究。最后，研究仅探讨了工作投入和调节焦点对企业家精神与价值共创间关系的影响，未来可以考虑从不同的视角引入其他变量展开进一步的研究，例如，探讨领导者风格（变革型领导）与企业家精神以及二者的交互作用对企业价值共创的影响等，以发现更多有价值的研究结论。

（孙新波，赵东辉，东北大学工商管理学院；张大鹏，中国矿业大学经济管理学院）

参考文献

［1］迟铭，毕新华，徐永顺.治理机制对顾客参与价值共创行为的影响：虚拟品牌社区的实证研究［J］.经济管理，2020，42（2）：144-159.

［2］PRAHALAD C K, RAMASWAMY V. Co-opting customer competence［J］. Harvard Business Review, 2000, 78（1）: 79-90.

［3］李兰，仲为国，彭泗清，等.当代企业家精神：特征、影响因素与对策建议：2019中国企业家成长与发展专题调查报告［J］.南开管理评论，2019，22（5）：4-12, 27.

［4］MISES L. Human action: A treatise on economics［M］. New Haven, CT: Yale University, 1949.

［5］KNUDSEN E S, LIEN L B. Hire, Fire, or Train: Innovation and Human Capital Responses to Recessions［J］. Strategic Entrepreneurship Journal, 2015, 9（4）: 313-330.

［6］ZHANG X, BARTOL K M. Linking Empowering Leadership and Employee Creativity: The Influence of Psychological Empowerment, Intrinsic Motivation, and Creative Process Engagement［J］. Academy of Management Journal, 2010, 53（1）: 107-128.

［7］俞仁智，何洁芳，刘志迎.基于组织层面的公司企业家精神与新产品创新绩效：环境不确定性的调节效应［J］.管理评论，2015，27（9）：85-94.

［8］周文辉，杨苗，王鹏程，等.赋能、价值共创与战略创业：基于韩都与芬尼的纵向案例研究［J］.管理评论，2017，29（7）：258-272.

［9］李永占.变革型领导对员工创新行为的影响：心理授权与情感承诺的作用［J］.科研管理，2018，39（7）：123-130.

［10］KAHN W A. Psychological Conditions of Personal Engagement and Disengagement at Work［J］. Academy of Management Journal, 1990（33）: 692-724.

［11］陈倩倩，樊耘，吕霄，等.领导者信息共享行为对员工绩效的影响机制研究：工作投入的中介作用及情感信任的调节作用［J］.预测，2018，37（3）：15-21.

［12］李永占.真实型领导对员工创新行为的影响：工作投入的中介效应［J］.心理与行为研究，2019，17（6）：854-860.

［13］TIMS M, BAKKER A B, XANTHOPOULOU D.Do transformational leaders enhance their followers' daily work engagement？［J］. Leadership Quarterly, 2011, 22（1）: 121-131.

［14］WALUMBWA F O, WANG P, WANG H, et al. Psychological processes linking authentic leadership to follower behaviors［J］. The Leadership Quarterly, 2010, 21

(5)：901-914.

[15] HIGGINS E T. Beyond Pleasure and Pain[J]. American Psychologist, 1997, 52(12)：1280-1300.

[16] TUNCDOGAN A, BOSCH F V D, VOLBERDA H.Regulatory Focus as a Psychological Micro — foundation of Leaders' Exploration and Exploitation Activities[J]. Leadership Quarterly, 2015, 26(5)：838-850.

[17] DRUCKER P.Innovation and entrepreneurship[M].New York：Harper and Row, 1985.

[18] 孙黎, 朱蓉, 张玉利.企业家精神：基于制度和历史的比较视角[J].外国经济与管理, 2019, 41(9)：3-16.

[19] DAVIDSSON P, WIKLUND J.Level of analysis in entrepreneurship research；Current practice and suggestions for the future[J]. Entrepreneurship Theory and Practice, 2001, 25(4)：81-99.

[20] KIRZNER I M. The meaning of market process：Essays in the development of modern Austrian economics[M]. New York：Routledge, 1992.

[21] 姜忠辉, 徐玉蓉.企业家精神的内涵与外延探析[J].中国海洋大学学报, 2015(1)：71-77.

[22] 白长虹.企业家精神的演进[J].南开管理评论, 2019, 128(5)：2-3.

[23] SHARMA P, CHRISMAN J J. Toward a reconciliation of the definitional issues in the field of corporate entrepreneurship[M]. Entrepreneurship Theory and Practice, 1999：11-27.

[24] SCHAUFELI W B, BAKKER A B. Defining and Measuring Work Engagement：Bringing Clarity to the Concept[M]. New York：Psychology Press, 2010.

[25] DECI E L, RYAN R M.Handbook of Self-Determination Research[M]. New York：University Rochester Press, 2002.

[26] 宋玉禄, 陈欣.新时代企业家精神与企业价值：基于战略决策和创新效率提升视角[J].华东经济管理, 2020, 34(4)：108-119.

[27] DIEFENDORFF J M, BROWN D J, KAMIN A M, et al. Examining the roles of job involvement and work centrality in predicting organizational citizenship behaviors and job performance[J]. Journal of Organizational Behavior, 2002, 23(1)：93-108.

[28] SCHAUFELI W B, BAKKER A B. Job demands, job resources, and their relationship with burnout and engagement：A multi-sample study[J]. Journal of Organizational Behavior, 2004, 25(3)：293-315.

[29] PARKER S K, BINDL U K, STRAUSS K. Making Things Happen：A Model of Proactive Motivation[J]. Journal of Management, 2010, 36(4)：827-856.

[30] RICH B L, LEPINE J A, CRAWFORD E R. Job engagement：antecedents and effects

[31] KORUNKA C, KUBICEK B, SCHAUFELI W B, et al. Work engagement and burnout: testing the robustness of the job demands-resources model [J]. The Journal of Positive Psychology, 2009, 4 (3): 243-255.

[32] DEMEROUTI E, BAKKER A B, NAVKREINER F, et al.The job demands-resources model of burnout [J]. Journal of Applied Psychology, 2001, 86 (3): 499-512.

[33] TIMS M, BAKKER A B, DERKS D. The impact of job crafting on job demands, job resources, and well-being [J]. Journal of Occupational Health Psychology, 2013, 18 (2): 230-240.

[34] XANTHOPOULOU D, BAKKER A B, ILIES R. Everyday Working Life: Explaining Within-Person Fluctuations in Employee Well-Being [J]. Human Relations, 2012, 65 (9): 1051-1069.

[35] BARRICK M R, THURGOOD G R, SMITH T A, et al.Collective Organizational Engagement: Linking Motivational Antecedents, Strategic Implementation, and Firm Performance [J]. Academy of Management Journal, 2014, 58 (1): 111-135.

[36] HIGGINS E T. Beyond pleasure and pain [J]. American Psychologist, 1997, 52 (12): 1280-1300.

[37] PENG J, CAO F, ZHANG Y, et al. Reflections on motivation: How regulatory focus influences self-framing and risky decision making [J/OL]. Current Psychology, (2019-01-11) [2021-06-19]. https: //doi.org/10.1007/s12144- 019-00217-w.

[38] 王莉,袁胡艺欣,李沁芳.虚拟品牌社区中顾客的调节焦点对创新行为的影响机制研究 [J].科学学与科学技术管理,2017,38(3):83-94.

[39] BROCHNER J, HIGGINS E T. Regulatory Focus Theory: Implications for the Study of Emotions at Work [J]. organizational behavior & human decision processes, 2001, 86 (1): 35-66.

[40] COVIN J G, SLEVIN D P. Strategic management of small firms in hostile and benign environments [J]. Strategic Management, 1989 (10): 75-87.

[41] 张轶文,甘怡群.中文版Utrecht工作投入量表(UWES)的信效度检验 [J].中国临床心理学杂志,2005(3):268-270,281.

[42] HIGGINS E T, FRIEDMAN R S, HARLOW R E, et al. Achievement orientations from subjective histories of success: Promotion pride versus prevention pride [J]. European Journal of Social Psychology, 2001, 31 (1): 3-23.

[43] PIMENTEL C D, OLIVEIRA C P B. Collaborative buyer-supplier relationships and downstream information in marketing channels [J]. Industrial Marketing Management,

2010, 39（2）：221-228.

［44］AIKEN L S，WEST S G. Multiple regression：Testing and interpreting interactions［M］. Thousand Oaks：Sage，1991.

［45］张婧，何勇. 服务主导逻辑导向与资源互动对价值共创的影响研究［J］. 科研管理，2014, 35（1）：115-122.

［46］张悦，沈蕾，穆钰，等. 创意生态圈多主体价值共创研究：基于宁波和丰创意广场的案例研究［J］. 研究与发展管理，2020, 32（3）：165-178.

［47］朱勤，孙元，周立勇. 平台赋能、价值共创与企业绩效的关系研究［J］. 科学学研究，2019, 37（11）：2026-2033, 2043.

［48］周文辉，陈凌子，邓伟，等. 创业平台、创业者与消费者价值共创过程模型：以小米为例［J］. 管理评论，2019, 31（4）：283-294.

企业独立创新与合作创新的互补平衡效应研究

摘要：独立创新与合作创新的互动关系是影响企业整体技术创新绩效的重要因素之一。运用中国生物制药 80 家企业 2009—2018 年发明专利数据，研究企业独立创新与合作创新协同性（包括平衡性和互补性）与整体技术创新绩效之间的关系，并分析了企业技术知识基础相关与非相关多元度对这一关系的调节作用。研究发现：企业独立创新与合作创新互补对技术创新绩效存在显著正向影响，而独立创新与合作创新平衡则与技术创新绩效之间存在负向关系；独立创新与合作创新互补与平衡可以产生协同效应，这一协同效应能够促进企业技术创新绩效。同时，企业技术知识基础相关多元度削弱了独立创新与合作创新互补程度对技术创新绩效的正向作用；技术知识基础非相关多元度负向调节了独立创新与合作创新互补性、平衡性与技术创新绩效之间的关系。

一、引言

新冠疫情对全球经济造成了巨大冲击，全球企业都面临着前所未有的挑战，几乎所有企业都必须进行变革，这使得具有创新意识与创新能力的企业脱颖而出，通过创新的方式应对各种挑战。基于知识基础理论，创新的实质是对知识元素重新组合的过程，在动态环境下，不断地积累和更新知识储备是企业持续创新的基础。企业可以通过两种方式进行新知识创造与获取：一是企业通过建立自身独立研发体系进行知识创造，即采取独立创新的方式进行知识更新活动，从而提高企业技术创新绩效；二是企业通过与其他组织建立合作研发关系进行技术创新活动，即采取合作创新的方式获取并共同创造新知识，提升企业创新产出的数量与质量。在资源有限的条件下，企业如何处理独立创新和合作创新之间的关系以实现技术创新绩效最大化是亟须解决的重要问题。

技术创新是一项高投入、高风险和高收益的复杂活动，是企业建立和维持竞争优势的重要手段。根据企业是否采取合作创新策略，企业技术创新活动被划分为独立创新与合作创新两种模式，不同创新模式的内涵和潜在优势也存在较大差异，学者们对于二者之间关系的认知也不同。关于独立创新和合作创新的含义，国内外学者从不同角度界定了其内涵。早期经济学家和管理学者从技术创新主体与外部经济环境关系视角出发，界定了独立创新与合作创新的含义。前者指的是企业完全通过自身努力探索进行技术研发工作，将研发成果进行商业化并最终获得利润的创新活动；后者则是企业间或者企业与高校、科研院所共同研发新技术的行为。此后，学者们进一步明确了独立创新与合作创新的概念。苏中锋等（2016）指出，根据企业是否主导整个研发过程并拥有最终受益的控制权来区分独立创新与合作创新。因而可以发现：独立创新具有技术内生性和资源内部获取性两个特征，产出的成果控制权为企业所有；合作创新则是以组织间异质性资源为基础，以获取互补性知识为目的，为实现共同利益的研发组织，而合作创新产出成果控制权一般归合作方共同拥有。

以往研究认为，无论是独立创新还是合作创新均对整体创新绩效存在正向促进作用，但是对于独立创新与合作创新之间关系的认知主要存在两种观点：一种观点认为独立创新与合作创新之间更多呈现出相互抑制关系，当企业选择一种创新模式后，可能会主动放弃另一种创新模式。例如，Cassiman 和 Veugeles（2006）、Hagedoorn 和 Wang（2012）、Berchicci（2013）、苏中锋等（2016）及 Wang（2020）等学者均指出，独立创新与合作创新之间为替代关系，二者之间的交互项对整体企业创新绩效存在负向作用。另一种观点则认为独立创新与合作创新之间为互补关系，即企业选择一类创新方式后，会推动另一类创新方式工作的开展，对整体创新绩效存在正向作用。例如，Cohen 和 Levithal（1990）、Das（2000）、柳卸林（2009）、Chen 等（2016）均认可这一观点。此外，企业技术创新发展阶段、研发合作广度、融资条件、吸收能力等因素均能影响独立创新与合作创新之间的关系。

综上所述，现有研究肯定了独立创新与合作创新模式对企业创新绩效的正向作用，然而，多数研究将二者关系简单地划分为互补或者替代，并未很好地回答企业如何处理独立创新与合作创新之间关系的问题。随着我国经济实力和科技实力的提升，越来越多的企业重视并参与创新工作，但是受资源有限性的影响，我国企业在开展创新活动时，更加倾向于选择能够分担创新风险的合作创新模式。但与此同时，企业会发现，与其他组织建立合作关系可能会导致自身核心技术外溢，并且难以获得合作伙伴的核心技术，因此，建立独立研发体系对于当前企业而言是十分必要的。企业同时开展独立创新与合作创新活动必然涉及两类创新的互补性和平衡性问题。互补性主要指的是两种创新模式之间互为补充关系，即假设企业选择合作创新模式为主要创新手段，此时企业也会选择独立创新模式作为补充，反之亦然。两种创新模式相互促进，实现企业资源的灵活配置，从而提高企业的技术创新产出。平衡性则指的是企业寻求兼顾独立创新与合作创新，均衡地配置资源，同时开展独立创新与合作创新活动进行新技术或者新产品创造的行为。企业需要考虑如何合理地安排独立创新与合作创新活动，从而使得企业可以获得更好的创新产出。然而，现有研究对于两类创新互补性和平衡性如何影响企业整体创新绩效的关注不足。同时，两类创新活动开展时的平衡性与互补性之间是否存在一定的协同效应？基于知识理论，一项创新脱胎于现有技术知识积累，那么企业现有技术知识基础特性是否会影响到两类创新模式平衡性、互补性与整体技术创新绩效之间的关系？为此，本文基于知识理论，分析企业独立创新与合作创新平衡性、互补性对企业技术创新产出的影响，探究企业技术知识基础多元度对这一影响的调节作用，并运用2009—2018年中国生物制药企业发明专利数据进行实证检验，为企业开展独立创新与合作创新活动提供决策依据。

二、研究设计

基于知识基础理论可知，知识是企业获取并维持竞争优势最重要的来源。Schumpeter（1935）在提出创新概念时，明确指出"创新不是发明，而是对发明的技术知识的有效引入和应用"，由此衍生出的潜在含义是企业创新过程为"知识的应用或者整合的过程"。因此，异质性知识基础是影响企业间技术创新绩效差异的关键因素。实际上，无论是独立创新模式还是合作创新模式都可以创造并获取新知识，扩大技术知识积累范围，为企业进行技术知识元素重组提供知识来源，从而提高企业技术创新绩效。已有的研究表明，企业的独立创新与合作创新活动均对技术创新绩效存在正向作用。根据创新实践发展可以发现，早期企业可以完全依赖自身资源进行技术研发活动，设立研究开发实验室，即采取独立创新方式创造全新技术，以达到独占创新收益的目的；但是随着科学技术快速发展，市场需求迅速变化，企业逐渐认识到仅仅依赖自身资源开展创新活动的难度越来越大，因而更多的企业采取了合作创新方式。由于创新创造的知识存在外部性特征，再加上合作创新过程存在信息不对称问题，采取合作创新的企业发现可能存在合作伙伴"搭便车"现象或者技术外溢现象，且合作创新产出的成果是多方组织共同拥有的，因而为了保持技术上的核心竞争力，企业需要开展独立创新活动。可见，目前企业独立创新与合作创新活动出现并行的趋势。然而，独立创新与合作创新对企业资源禀赋的要求存在差异，且两种创新活动的开展均需要消耗资源，在资源有限的情境下，研究企业如何合理配置资源以实现独立创新与合作创新的正向协同具有重要的现实意义。同时，考虑到技术创新存在路径依赖的特征，任何一项创新均脱胎于企业原有的技术知识积累，企业原有技术知识基础结构会影响到其创新活动的开展，因此，本文探索了企业独立创新与合作创新活动之间关系特性对创新绩效的影响效应，同时分析了企业原有技术知识基础特性在其中发挥的作用。

（一）企业独立创新与合作创新互补与平衡

企业独立创新与合作创新相结合能够弥补单一创新活动的不足。如果企业仅仅采取独立创新方式进行新技术或者新产品研发，一方面，创新活动本身具有高风险和高投入特征，完全采用独立创新方式对企业自身资源禀赋要求较高，企业即便能够自行开发新技术，但同时也需要自身全部承担创新失败造成的损失；另一方面，企业完全依赖自身知识资源进行新技术研发，可能出现技术自锁的现象，企业倾向于利用自身已有知识积累进行研发，对于外部新技术的发展敏感性不足，无法有效获得外部新机会或者应对新威胁。如果企业仅仅采取合作创新的方式进行技术研发，一方面，企业任何新技术或者新知识的创造均需要依赖合作伙伴，而合作方出于对自身技术保护的目的或者由于信息不对称出现投机行为，可能导致合作创新失败；另一方面，企业无法形成自身独立的研发体系，无法有效地创造自有核心技术并维持其发展。企业长期依靠合作创新的方式来获取外部知识资源，可能导致企业特有的知识和技术减少，难以形成自身独特的技术知识基础，无法形成或者不断提升自身核心技术能力，最终丧失竞争优势。因此，企业通过合作创新能够弥补独立创新知识资源来源不足的缺陷，丰富现有知识组合，并降低创新风险和成本，提高创新成功率；通过独立创新可以更好地吸收并运用合作创新获得的新知识，形成自身独特的核心技术，从而吸引更多潜在的合作伙伴，提高合作创新成功率。因此，本文提出如下假设。

假设1：企业独立创新与合作创新互补程度对技术创新绩效具有正向作用。

与互补关系不同，随着企业独立创新和合作创新平衡性程度的提高，表明企业如果追求独立创新和合作创新的绝对平衡，将资源平均分配到两类创新活动中，进而可能对企业整体创新绩效产生负向影响。一方面，企业独立创新需要构建自身研发体系并能够主导和掌握技术创新成果，对企业资源禀赋要求较高；而合作创新的目的是获取互补性知识资源来促进自身技术创新能力的提升，这就要求企业具备识别、吸收和转化外部新知识的能力。两类创新活动对资源的要求是有差异的，受到资源有限性的影响，企业如果追求两类创新活动的绝对平衡，就可能导致两类创新活动之间出现相互竞争的情况，一类创新活动对另一类创新活动产生"挤出"效应，对整体创新绩效呈现抑制作用。另一方面，企业构建独立创新体系时，逐渐形成独特的创新路径，积累对某一技术领域或者产品的创新经验，进而产生创新惯性；同时企业独立创新产出的知识会导致相似的技术语言和制度环境，更加有利于内部知识创造。此时，企业通过合作创新获取的知识元素更加多样化，差异程度更高，且可能具备自身独特的技术语言，导致企业需要更长的时间来转化和整合知识元素。因此，企业同时追求独立创新与合作创新可能会导致企业难以将合作创新获取的外部新颖性知识有效利用，增大了知识元素重组的难度，不利于技术创新绩效的提升。因此，本文提出如下假设。

假设2：企业独立创新与合作创新平衡程度对技术创新绩效具有负向作用。

协同理论指出，协同是元素间相互影响的能力，表现为元素间相互协调和合作的性质，协同性的高低取决于元素间匹配程度（平衡性）和互补程度（互补性）。据此，前文研究表明，独立创新与合作创新平衡和互补会产生协同效应，即将平衡性和互补性整合为一个新变量——独立和合作创新协同性，两类创新平衡与互补程度越高，协同程度越高。基于知识理论可知，一项创新是对知识元素重新组合的结果，那么知识资源是创新的基础，对知识资源的创造、获取和运用则是创新的关键。企业基于自身技术知识基础选择独立创新和合作创新模式，并在两类创新活动中对知识元素进行识别、转化和重组，利用知识元素创造出全新技术和产品。企业独立创新依赖的是自身知识资源禀赋，通过内部知识创造和利用来进行技术创新；企业合作创新则是通过与合作伙伴进行技术知识交流，将获取外部知识元素融合到自身技术知识积累，共同创造新技术的过程。

当独立创新与合作创新互补性越高时，企业两类创新获取的知识元素之间相互依赖和补充的程度越高，越有利于企业认识知识元素之间的内部依赖关系，识别外部技术发展的前沿，更好地转化外部合作获取的知识，提高外部知识吸收能力。此时，提高独立创新与合作创新平衡性，有利于企业从大量外部知识元素中寻找出与自身技术知识基础具有较高互补性的异质性知识资源，选择最为合适的合作伙伴，也能更好地将获取的外部知识元素进行整合与转化，从而进一步地提高技术创新绩效。

当独立创新与合作创新平衡性越高时，表明企业将资源均衡地分配在两类创新活动上，同时培养运用并整合自身技术知识基础实现独立创新的能力，又拥有识别、吸收并融合外部合作伙伴知识的能力，企业将拥有更大范围的技术知识资源。此时，提高独立创新与合作创新互补性，有利于企业从更大范围的技术知识元素中寻找到互补性较强的技术知识元素，并将其与已有的技术知识资源进行融合，既提高了知识元素搜索效率，又降低了知识融合试错成本，从而有效促进了技术创新绩效的提升。因此，本文提出如下假设。

假设3：企业独立创新与合作创新平衡性和互补性产生的协同效应对技术创新绩效具有正向作用。

（二）企业技术知识基础多元度的调节作用

技术知识基础多元度指的是企业将技术资源分配在不同技术领域的比例。借鉴以往学者的研究结果，利用熵指数测算多元度指标，由于熵指数具备可分解特性，其被划分为组间和组内两部分，因而企业技术知识基础多元度包含有代表组间差异的非相关多元度与代表组内差异的相关多元度两部分。

技术知识基础相关多元度指的是企业将技术资源分配在相关技术领域的比例。相关技术领域则是指知识元素属于同一科学范畴的技术领域，元素间技术距离较小，相似程度较高。随着技术知识基础相关多元度的提升，企业拥有相同科学范畴的知识元素随之增加，企业在单一技术领域知识元素重组经验的积累就会增多，形成一套针对已有技术知识元素整合的路径。这使得企业难以识别外部技术变革，同时难以充分利用合作创新伙伴提供的异质性知识资源，不利于创新产出的提升。另外，Krafft（2014）等学者发现，相关多元度与技术知识基础深度之间呈正相关关系，即表明技术知识基础的相关多元度越高，企业在某一技术领域就处于领先地位，这使得企业在与其他企业建立合作关系后，可能出现技术外溢现象，因而企业更加倾向于采取内部研发方式。另外，企业在单一技术领域进行深入探索，导致难以识别并吸收合作创新伙伴新颖性知识元素。最后，企业合作创新带来的是异质性知识元素，这些异质性知识元素在吸收转化的过程中可能会扰乱企业内部已有的知识系统，使得企业必须花费更长的时间和精力将外部知识元素运用到内部技术创新过程中。因此，本文提出如下假设。

假设4：企业技术知识基础相关多元度负向调节了独立创新和合作创新互补程度与技术创新绩效之间的正向关系。

企业独立创新和合作创新平衡性程度体现在企业是否均衡地将资源分配在两类创新活动中，是否能够兼顾两类创新活动。技术知识基础相关多元度的提升，虽然扩大了知识资源的范围，但是扩展的资源属于同一科学范畴，知识元素之间相似性加大，技术知识基础深度增加，这使得企业对于外部技术变革敏感度降低，难以识别并转化非同一科学范畴的新颖性知识元素，企业需要在合作创新方面投入更多的资源，在资源有限的情况下，加大了独立创新与合作创新竞争程度，不利于创新产出。同时，技术知识基础相关多元度的提升，意味着企业学习能力受限，一般集中于单一技术领域，在吸收转化外部合作创新伙伴异质性知识资源过程中，可能会导致企业内部知识系统紊乱，知识元素转化效率降低。因此，本文提出如下假设。

假设5：企业技术知识基础相关多元度正向调节了（加强了）独立创新和合作创新平衡程度与技术创新绩效之间的负向关系。

技术知识基础非相关多元度测量的是企业将技术资源分配在全新技术

领域的比例,此处的全新技术领域主要指的是技术知识元素之间共享的科学原则完全不同、知识元素之间相似程度较低、技术距离长的技术领域。一方面,企业的技术创新活动通常更加倾向于对已有技术知识元素进行重组整合,即采取独立创新模式,而且知识在企业内部流动的效率要远远高于其在企业间流动的效率。在高技术知识基础非相关多元度的情境下,企业本身拥有大量的新颖性知识元素,更加倾向于内部知识挖掘,这就导致企业难以将合作创新获取的新知识转化为内部技术知识资源,不利于企业利用合作创新获取的知识来提升自身技术创新绩效。另一方面,企业合作创新的目的是获取异质性的知识资源,那么随着技术知识基础非相关多元度的提升,企业拥有的新颖性知识元素数量急速增加,导致企业没有足够的时间和精力来掌握已有技术知识元素内涵以及元素间关系。此时企业如果继续进行合作创新,获取的知识元素增大了知识组合的潜在可能性,增加了企业试错成本,加大了技术开发的难度,同时也使得企业需要花费更多的时间和精力来学习和转化外部知识元素,降低创新效率。因此,本文提出如下假设。

假设6:企业技术知识基础非相关多元度负向调节了(削弱了)独立创新和合作创新互补程度与技术创新绩效之间的正向关系。

随着企业技术知识基础非相关多元度的提升,独立创新与合作创新平衡程度对整体技术创新绩效的负向效应不断降低,原因在于:独立创新与合作创新平衡程度与企业自身具备的知识资源有关,拥有较多知识资源的企业能更好地兼顾独立创新和合作创新活动,不会产生资源竞争。企业在核心技术研发方面可以采取独立创新方式,避免技术外溢;对于非核心技术领域可以将暂时无法有效开发的技术采取外包或者合作研发的方式,从而提高已有技术知识使用的有效性。同时,具有较高技术知识基础非相关多元度的企业拥有大量的新颖性知识元素,具备更强的识别和吸收外部知识的能力,使其可以更好地将合作伙伴的知识吸收并运用到独立创新活动中。因此，本文提出如下假设。

假设7：企业技术知识基础非相关多元度负向调节了（削弱了）独立创新与合作创新平衡程度与技术创新绩效之间的负向关系。

综上，本文构建的研究模型如图1所示。

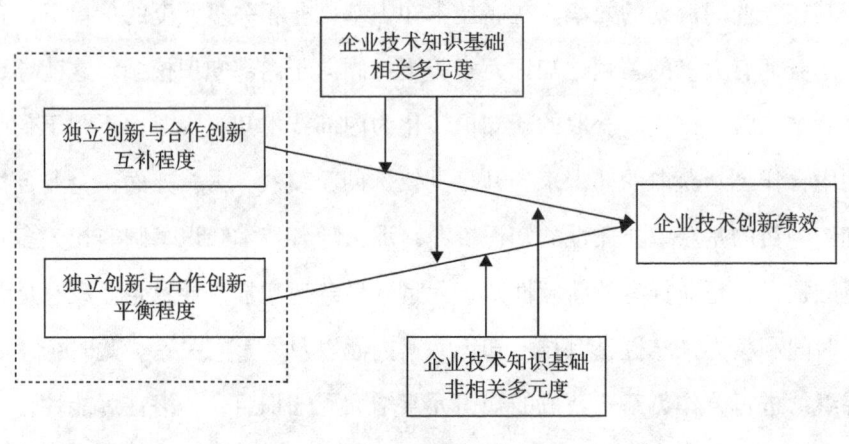

图 1　研究模型

三、实证过程

（一）研究样本与数据

本文以 80 家生物制药企业作为研究样本，分析企业独立创新与合作创新对技术创新产出的影响。首先，生物制药行业是典型的高新技术产业，在科技创新方面投入了大量资源，同时也产出了众多创新成果，因而利用成果信息可以很好地分析企业内部创新活动。其次，生物制药技术具有较高的科学依存度，创造的新技术或者新产品内部蕴含着大量的科学与技术知识，而企业受到自身资源有限性的影响，会选择合作创新模式进行科学与技术方面的探索。以往研究发现，90% 的顶尖生物制药企业均开展了合作创新活动。最后，由于前沿技术无法通过模仿或者直接购买的方式来获取，企业也需要开展独立研发工作来不断追踪或者引领技术前沿。可见，生物制药企业需要同时开展独立创新和合作创新两类创新活动，以适应外部快速变化的技术环境。因此，以生物制药企业作为研究样本，分析企业独立创新和合作创新与整体创新绩效之间的关系具有代表性。

本文选择的样本企业是2009—2018年连续多年进入"中国生物制药行业百强企业""中国生物医药企业排行"以及"生物药研发实力排行"的80家企业；根据企业名称，收集其2009—2018年在中国知识产权局专利数据库中申请的发明专利，并作为基础研究数据。

（二）变量测量

1. 自变量

为了检验企业独立创新和合作创新互补与平衡程度对技术创新绩效的影响效应，本文选择两类创新活动的互补程度、平衡程度以及平衡互补协同程度为自变量，在测度两类创新活动互补和平衡程度之前，需要区分企业独立创新（independent innovation）和合作创新（collaboration innovation）。根据以往学者的研究，独立创新的特征是企业主导整个研发过程并拥有最终受益的控制权。由此，文中将企业发明专利信息中专利申请人作为分析基本要素。当专利申请人有两个或两个以上，则认为这一专利为合作创新产出专利；而当专利申请人仅为企业单个个体，则认为这一专利为独立创新的成果。在此基础上，计算企业当年申请发明专利中合作创新专利和独立创新专利的数量。以独立创新发明专利数占所有发明专利数的比例代表独立创新，用 IND 表示；以合作创新发明专利数占所有发明专利数的比例代表合作创新，用 CLL 表示。

①独立创新与合作创新互补性（Combined of independent and collaboration innovation）。本文以独立创新比例和合作创新比例的"乘积项"表示两类创新活动的互补性，该值越高，表明互补性越高。计算公式为：

$$COB = IND \times CLL \quad (1)$$

其中，COB 表示的是独立创新和合作创新互补程度，IND 表示的是企业独立创新发明专利数量占所有发明专利数量的比例，CLL 表示的是合作创新发明专利数量占所有发明专利数量的比例。

②独立创新与合作创新平衡性（Balance of independent and collaboration innovation）。根据"有机平衡观"来测量企业独立创新与合作创新的平衡程度。独立创新和合作创新平衡程度（BLC）计算公式如下：

$$BLC = 1 - \left(\frac{IND - CLL}{IND + CLL}\right)^2 \quad (2)$$

其中，BLC 表示的是独立创新和合作创新平衡程度。从计算公式可以发现，平衡程度值介于 0~1，越接近 1，则表示企业两类创新活动平衡程度越高。

③独立创新与合作创新协同程度（Synergy of independent and collaboration innovation）。本文以互补程度和平衡程度的"乘积项"来测算独立创新与合作创新的协同程度，计算公式如下：

$$SYG = COB \times BLC \quad (3)$$

其中，SYG 表示的是独立创新与合作创新协同程度。当企业两类创新活动互补程度和平衡程度都处于比较高的状态，则表明企业协同程度较高。

2. 因变量

企业技术创新绩效为因变量。以往研究已经指出，企业申请专利数量、专利被引量、专利授权量、新产品数量以及新产品创造的经济价值都可以用来测量企业技术创新绩效。尽管专利并不能完全代表企业创新产出，但是专利作为公开数据容易被获得，且越来越多的企业出于知识产权保护的目的对创新成果进行专利申请。因此，国内外学者经常采用专利申请量来测算技术创新产出。本文遵循以往学者的研究，使用企业每年发明专利数量作为技术创新绩效的近似值。

3. 调节变量

企业技术知识基础多元度为调节变量。以往研究已经指出，技术知识基础具有累积性特征。借鉴 Krafft（2014）等学者的研究，本文利用企业5年发明专利申请数量来测算企业技术知识基础，利用熵指数计算技术知识基础多元度，并根据熵指数的可分解特性，将技术知识基础多元度划分为代表组间差异的非相关多元度和代表组内差异的相关多元度。具体计算过程如下：

首先，梳理并测算企业申请发明专利涉及的国际技术分类的部（技术覆盖范围最大，区分是行业间差异，技术距离最大），并计算分布在不同部的专利数量；接下来分析企业申请发明专利涉及的国际技术分类小类（技术覆盖范围较小，根据行业内具体技术领域详细内容划分，技术距离较小），并计算每一小类上专利分布的数量。

其次，根据测算专利分布结果，计算企业技术知识基础总体多元度，公式如下：

$$TD = \sum_{i=1}^{n} p_i \ln\left(\frac{1}{p_i}\right) \quad (4)$$

其中，公式中的 p_i 代表的是企业申请属于国际技术分类 i 的发明专利数量占发明专利申请总量的比例，i 代表的是国际技术分类的小类。接下来，测算企业技术知识基础非相关多元度。由于专利国际技术分类的部代表的是不同的组，计算组间差异即技术知识基础的非相关多元度，公式如下：

$$UTD = \sum_{j=1}^{n} p_j \ln\left(\frac{1}{p_j}\right) \quad (5)$$

公式中的 p_j 代表的是企业申请属于国际技术分类 j 的发明专利数量占发明专利申请总量的比例，j 代表的是国际技术分类的部。

最后，计算企业技术知识基础相关多元度，相关多元度与非相关多

元度共同构成企业技术知识基础总体多元度,那么相关多元度的计算公式为:

$$RTD = TD - UTD \qquad (6)$$

4. 控制变量

为了控制影响企业创新绩效的其他因素,本文选取了企业技术知识基础规模、技术知识基础广度与企业年龄作为控制变量。

企业技术知识基础规模指的是企业拥有技术知识积累存量。一般而言,技术知识存量越多,表明企业知识元素重组经验越丰富,对企业技术创新能力存在正向影响。本文利用企业5年发明专利申请数量进行测量。

企业技术知识基础广度指的是企业拥有技术知识元素数量。该值越大,表明企业拥有的技术知识元素数量越多,拥有的技术知识资源越丰富,越有可能促进企业技术创新活动的开展。本文利用企业5年申请发明专利涉及的国际技术分类小类进行测量。

企业年龄。企业年龄越大,表明企业开展技术创新活动的时间越长,经验越丰富,积累的知识元素越多,进而影响到企业技术创新能力。本文利用企业成立年份至2018年的数值来测算企业年龄,其中成立年份赋值为1。

(三)实证分析结果

表1列出的是各个变量的均值、标准差以及变量间相关系数。由表1可知,因变量企业技术创新绩效均值为112.48,标准差为590.18,标准差远远大于均值,表明因变量呈现离散化状态。从各变量的相关系数来看,变量之间相关系数较大。为了检验变量间是否存在多重共线性问题,本文测算了各变量方差膨胀因子($VIFs$),结果显示VIF均值小于3,说明变量间不存在多重共线性。

表 1 各变量描述性统计结果

变量	均值	标准差	1	2	3	4	5	6	7	8
技术创新绩效	112.48	590.18	1							
独立与合作创新互补性	0.05	0.07	0.01	1						
独立与合作创新平衡性	0.33	0.41	−0.06	−0.64*	1					
技术知识基础相关多元度	1.05	0.53	0.38*	0.19*	−0.15*	1				
技术知识基础非相关多元度	0.71	0.39	0.25*	0.19*	−0.12*	0.45*	1			
技术知识基础规模	441.63	2117.18	0.78*	0.01	−0.06	0.37*	0.26*	1		
技术知识基础广度	24.36	47.05	0.80*	0.12*	−0.05	0.62*	0.54*	0.80*	1	
企业年龄	22.10	15.29	0.05	0.03	−0.09*	0.24*	0.15*	0.03	0.08*	1

其中，*表示的是在 5% 的水平上显著。

本文研究的是企业独立创新与合作创新互补平衡效应对技术创新绩效的影响，因变量技术创新绩效为非负整数，且从表 1 中可以看到因变量的均值远远低于标准差，因而采用负二项回归模型进行假设检验。同时，本文测算变量之间存在交互项，对交互项涉及的变量做中心化处理，解决自变量、调节变量与它们交互项相关性的问题。

表 2 显示的是回归检验的结果。模型 1 为仅包含控制变量的基础模型。模型 2—3 在基础模型上加入了独立创新与合作创新互补性和平衡性指标。回归结果显示：互补性对企业技术创新绩效具有显著正向影响；平衡性对企业技术创新绩效的回归系数为 −0.56，且在 1% 的水平上显著，表明平衡性对企业技术创新绩效具有显著负向影响。假设 1 和假设 2 得到支持。模型 4 考察了独立创新与合作创新互补与平衡的协同变量对企业技术创新绩效的影响。回归结果显示，独立创新与合作创新互补与平衡的协同变量的回归系数为 2.13，且在 5% 的水平上显著，假设 3 得到支持。模型 5—6 检验了企业技术知识基础相关多元度对独立创新和合作创新互补性、平衡性

与技术创新绩效关系的调节作用。模型5回归结果表明，企业技术知识基础相关多元度与独立创新和合作创新互补性的交互项回归系数为-1.76，且在1%的水平上显著，表明技术知识基础相关多元度负向调节了两类创新活动互补性与技术创新绩效之间的正向关系，假设4得到支持。模型6回归结果表明，企业技术知识基础相关多元度对独立创新和合作创新平衡性与企业技术创新绩效之间关系的调节作用不显著，假设5未得到支持。模型7—8引入了企业技术知识基础非相关多元度这一调节变量。回归结果显示，技术知识基础非相关多元度对独立创新和合作创新互补性与技术创新绩效关系起到显著的负向调节作用，假设6得到支持。从表2中可以发现，企业技术知识基础非相关多元度与独立创新和合作创新平衡性的交互项回归系数为1.25，且在1%的水平上显著，表明技术知识基础非相关多元度削弱了两类创新活动平衡性与企业技术创新绩效之间的负向关系。

表2 负二项回归结果

因变量	模型1	模型2	模型3	模型4	模型5	模型6	模型7	模型8
技术知识基础规模	-0.01**	-0.01***	-0.01**	-0.01	-0.01**	-0.01**	-0.01**	-0.01*
	(-0.01)	(-0.01)	(-0.01)	(-0.01)	(-0.01)	(-0.01)	(-0.01)	(-0.01)
技术知识基础广度	0.02***	0.02***	0.02***	0.01***	0.01***	0.01***	0.01***	0.01***
	(-0.01)	(-0.01)	(-0.01)	(-0.01)	(-0.01)	(-0.01)	(-0.01)	(-0.01)
企业年龄	0.01**	0.01*	0.01	0.01	0.01	0.01	0.01*	0.01
	(-0.01)	(-0.01)	(-0.01)	(-0.01)	(-0.01)	(-0.01)	(-0.03)	(-0.01)
互补性		2.53***		2.93***	4.91***		5.34***	
		(-0.11)		(-0.18)	(-0.91)		(-0.92)	
平衡性			-0.56***	-4.31***		-1.71***		-1.52***
			(-0.08)	(-0.38)		(-0.17)		(-0.17)
协同性				2.13**				
				(-0.9)				
技术知识基础相关多元度					0.51***	0.11***		
					(-0.81)	(-0.08)		

续表

因变量	模型1	模型2	模型3	模型4	模型5	模型6	模型7	模型8
技术知识基础非相关多元度							0.55*** (−0.09)	0.01 (−0.1)
技术知识基础相关多元度 × 互补性					−1.76*** (−0.57)			
技术知识基础相关多元度 × 平衡性						0.98 (0.11)		
技术知识基础非相关多元度 × 互补性							−3.08** (0.91)	
技术知识基础非相关多元度 × 平衡性								1.25*** (0.17)
常数项	0.03 (0.10)	−0.11 (0.10)	0.3 (0.10)	0.57*** (0.12)	−0.50*** (0.12)	0.32*** (0.11)	−0.41*** (0.11)	0.35** (0.11)
Log likelihood	−3059.27	−3038.71	−3032.28	−2828.27	−3018.81	−2983.74	−3021.37	−2996.38
Prob > chi2	0	0	0	0	0	0	0	0

注：括号内为标准误差；* 代表在10%水平上显著，** 代表在5%水平上显著，*** 代表在1%水平上显著。

四、研究结论与启示

基于知识理论，本文分析了独立创新和合作创新互补、平衡以及二者协同效应对企业技术创新绩效的影响，并探究了企业技术知识基础相关与非相关多元度的调节作用，运用负二项回归模型和中国生物制药80家企业2009—2018年发明专利数据进行实证检验，主要研究结论如下。

第一，企业独立创新和合作创新互补性对技术创新绩效起到显著正向影响，但是独立创新和合作创新平衡性负向作用于技术创新绩效；同时，平衡与互补存在协同效应，且这一协同效应正向作用于技术创新绩效。具体而言，企业开展一类创新活动时能够促进另一类创新活动，即两类创新活动之间存在互补关系，这一互补关系有利于技术创新绩效的提升；但是，企业如果追求独立创新和合作创新的绝对平衡，则不利于技术创新绩效的提升。另外，企业在提高独立创新和合作创新互补程度的基础上，同时也可以适当提高两类创新活动的平衡程度，实现独立创新和合作创新互补与平衡协同效应，从而正向促进企业的技术创新绩效。

第二，企业技术知识基础多元度调节了独立创新和合作创新互补平衡与技术创新绩效之间的关系。技术知识基础非相关多元度的提升，削弱了企业独立创新和合作创新互补性与技术创新绩效之间的正向关系，同时负向调节了平衡性与技术创新绩效之间的负向关系，即在高技术知识基础非相关多元度的情境下，企业独立创新和合作创新平衡性与技术创新绩效的负向关系减弱。另外，技术知识基础相关多元度对独立创新和合作创新互补性与技术创新绩效关系的负向调节作用显著；但是技术知识基础相关多元度的提升对独立创新和合作创新平衡性与技术创新绩效的关系影响不大。原因在于：我国生物制药行业技术处在一个快速发展的时期，与国外企业相比，我国生物制药企业普遍规模小，投入的研发经费有限，部分生物制药企业技术研发主要聚焦在单一核心技术领域，选择合作创新也集中在单一核心技术领域范围内。因此，企业技术知识基础相关多元度的提升，扩大了属于同一科学范畴的技术资源范围，降低了独立创新和合作创新由于资源有限性造成的内部竞争程度；同时，高技术知识基础相关多元度意味着企业拥有更多的相关知识元素，可以帮助企业更好地识别同一技术领域外部新知识元素，降低了知识整合成本与难度。因此，企业技术知识基础相关多元度对两类创新活动平衡效应的调节作用可能受到企业发展阶段及技术研发范围的影响，在后续的研究中有待进行深入分析。

本文的研究结论为企业开展与管理技术创新工作提供了以下启示：企业既需要构建独立的创新体系，提高独立创新能力，同时也需要重视合作创新工作，培养企业外部知识吸收和整合能力，从而提高企业独立创新与合作创新的互补程度；但是企业没有必要刻意追求独立创新与合作创新的绝对平衡，不需要将技术资源均衡地分配在两类创新活动上。除此之外，企业在追求高独立创新和合作创新互补程度的情况下，可以适当提升独立创新与合作创新的平衡程度，发挥两类创新活动的协同作用。另外，企业从自身技术知识基础多元度特性出发，着手建立独立创新和合作创新组合。当企业具备高技术知识基础非相关多元度时，即企业拥有大量全新技术知识元素时，可以采取独立创新的方式研发关键核心技术，同时对部分非核心技术领域，如未来行业技术发展的突破点，可以考虑采取合作创新的方式进行新技术的探索，为企业后续技术研发做好知识储备工作。当企业具备较高技术知识基础相关多元度时，表明企业技术资源分配相对比较集中，基本聚集在某些技术领域中，且技术探索深度较高，技术知识元素之间重叠程度较高，此时企业应当考虑的是加强独立创新与合作创新的互补程度，避免陷入技术自锁状态，识别外部技术发展的新方向，提高企业应对技术快速变革挑战的能力。

本研究拓展和深化了现有文献对企业独立创新与合作创新之间关系的理解，为企业有效开展两类创新活动提供了理论和实践支撑，但是也存在一定的局限性：第一，本文选择了中国生物制药行业这一单一行业作为研究对象，并未包含其他行业的数据，行业之间技术创新存在一定差异，未来需要进一步收集更多其他行业数据进行对比研究；第二，本文仅考察了独立创新与合作创新活动对企业创新绩效的影响效应，后续研究可以考虑企业其他方式的创新模式，探索企业独立创新与合作创新活动之间的相互关系。

（刘岩，苏路通，高艳慧，西安工程大学管理学院）

参考文献

[1] 张振刚,罗泰晔.基于知识组合理论的技术机会发现[J].科研管理,2020,41(8):220-228.

[2] SHALZAD M, QU Y, ZAFAR A U, et al.Exploring the influence of knowledge management process on corporate sustainable performance through green innovation[J]. Journal of Knowledge Management, 2020, 24(9): 2079-2106.

[3] WANG H R, SU Z F, ZHANG W H.Synergizing independent and cooperative R&D activities: the effect of organizational slack and absorptive capacity[J]. Technology Analysis&Strategic Management, 2019, 31(6): 680-691.

[4] 王海绒,苏中锋.整合独立研发与合作研发:基于知识治理观点的研究[J].科学学与科学技术管理,2018,39(5):65-75.

[5] 傅家骥.技术创新学[M].北京:清华大学出版社,1998.

[6] AHUJA G, KATIL R.Technological acquisitions and the innovation performance of acquiring firms: a longitudinal study[J]. Strategic Management Journal, 2001, 22(3): 197-220.

[7] ANSOFF H I.The innovative firm[J]. Long Range Planning, 1968, 1(2): 26-27.

[8] WANG T, YU X, CUI N.The substitute effect of internal R&D and external knowledge acquisition in emerging markets: An attention-based investigation[J].European Journal of Marketing, 2020, 54(5): 1117-1146.

[9] 曹霞,杨笑君,张路蓬.技术距离的门槛效应:自主研发与协同创新[J].科学学研究,2020,38(3):536-544.

[10] 苏中锋,王海绒,张文红.整合独立研发与合作研发:吸收能力的影响作用[J].科研管理,2016,37(11):11-17.

[11] CASSIMAN B, VEUGELERS R.In search of complementarity in innovation strategy: internal R&D and external knowledge acquisition[J]. Management Science, 2006, 52(1): 68-82.

[12] HAGEDOOM J, WANG N.Is there complementarity or substitutability between internal and external R&D strategies?[J]. Research Policy, 2012, 41(4): 1072-1083.

[13] BERCHICC L.Towards an open R&D system: Internal R&D investment, external knowledge acquisition and innovative performance[J]. Research Policy, 2013, 42(1): 117-127.

[14] WANG T, YU X, CUI N.The substitute effect of internal R&D and external knowledge acquisition in emerging markets: An attention-based investigation[J]. European

Journal of Marketing，2020，54（5）：1117-1146.

［15］COHEN W M，LEVINTHAL D A.Absorptive Capacity：A new perspective on learning and innovation［J］.Administrative Science Quarterly，1990，35（1）：128-152.

［16］DAS T K，TENG B S.A resource-based view of strategic alliances［J］.Journal of Management，2001，27（1）：31-61.

［17］柳卸林，李艳华.知识获取与后发企业技术能力提升：以汽车零部件产业为例［J］.科学学与科学技术管理，2009，30（7）：94-100.

［18］CHEN Y F，VANHAVERBEKE W，DU J S.The interaction between internal R&D and different of external knowledge sourcing：an empirical study of Chinese innovative firms［J］.R&D Management，2016，46：1006-1023.

［19］RADICIC D，BALAVAC M.In-house R&D，external R&D and cooperation breadth in Spanish manufacturing firms：is there a synergistic effect on innovation outputs？［J］.Economics of Innovation&New Technology，2018，28（6）：590-615.

［20］DENICOLAI S，RAMIREZ M，TIDD J.Overcoming the false dichotomy between internal R&D and external knowledge acquisition：Absorptive capacity dynamics over time［J］.Technological Forecasting&Social Change，2016，104（3）：57-65.

［21］于飞，蔡翔，董亮.研发模式对企业创新的影响：知识基础的调节作用［J］.管理科学，2017，30（3）：97-109.

［22］陈朝月，许治.重审内部研发和外部技术获取之间的关系：基于动态视角分析［J］.科研管理，2020，41（5）：10-20.

［23］KRZEMINSKA A，ECKERT C.Complementarity of internal and external R&D：Is there a difference between product versus process innovations？［J］.R&D Management，2016，46（SI）：931-944.

［24］OLIVEIRA P F，DA S J F.Balancing Internal and External R&D Strategies to Improve Innovation and Financial Performance［J］.Bar Brazilian Administration Review，2018，15（2）：1-25.

［25］孙玉涛，张博.企业本地与非本地研发合作的平衡互补效应研究［J］.科研管理，2019，40（6）：55-64.

［26］SCHUMPETER J A.The analysis of economic change［J］.Review of Economic Statistics,1935，17(4):2-10.

［27］FERNANDO M B，SANCHEZ-BUENO M J，MASSIS A D.Combining internal and external R&D：the effects on innovation performance in family and non-family firms［J］.Entrepreneurship Theory and Practice，2020，44（5）：996-1031.

［28］陈海峰，辛冲，李琳，等.合作创新网络的异质性要素识别研究［J］.技术经济，2019，38（9）：1-7，15.

[29] CHOI M, LEE C Y.Technological diversification and R&D productivity: The moderating effects of knowledge spillovers and core-technology competence [J]. Technovation, 2021, 104: 1-14.

[30] 樊霞, 任畅翔, 刘炜. 产学研合作与企业独立研发关系的进一步检验: 基于企业R&D投入门槛效应的分析 [J]. 科学学研究, 2013, 31 (1): 85-91, 84.

[31] 刘岩, 高艳慧, 沈聪. 技术知识基础多元度对企业合作创新伙伴选择的影响研究 [J]. 技术经济, 2020, 39 (9): 1-10.

[32] WEI S, ZHANG Z, KE G Y, et al.The more cooperation, the better? Optimizing enterprise cooperative strategy in collaborative innovation networks [J]. Physica A: Statistical Mechanics and its Applications, 2019, 534: 1-12.

[33] 李德强, 彭灿, 奚雷. 动态能力对双元创新协同性的影响: 环境竞争性的调节作用 [J]. 运筹与管理, 2017, 26 (9): 183-192.

[34] 李柏洲, 曾经纬. 知识惯性对企业双元创新的影响 [J]. 科学学研究, 2019, 37 (4): 750-759.

[35] DOMBESUUR F, AMPONG G O A, OWUSU-YIRENKYI D, et al.Technological innovation, organizational innovation and international performance of SMEs: the moderating role of domestic institutional environment [J]. Technological Forecasting and Social Change, 2020, 161: 1-11.

[36] SIMO L, FRANCO M.External knowledge sources as antecedents of organizational innovation in firm workplaces: a knowledge-based perspective [J]. Journal of Knowledge Management, 2018, 22 (2): 237-256.

[37] ROSIELLO A, MALEKI A.A dynamic multi-sector analysis of technological catch-up: The impact of technology cycle times, knowledge base complexity and variety [J]. Research Policy, 2021, 50 (3): 1-19.

[38] PINA K, TETHER B S.Towards understanding variety in knowledge intensive business services by distinguishing their knowledge bases [J]. Research Policy, 2016, 45 (2): 401-413.

[39] KRAFFT J, QUATRARO F, SAVIOTT P P.Knowledge characteristics and the dynamics of technological alliances in pharmaceuticals: empirical evidence from Europe, US and Japan [J]. Journal of Evolutionary Economics, 2014, 24 (3): 587-622.

[40] XU S, CAVUSGIL E.Knowledge breadth and depth development through successful R&D alliance portfolio configuration: An empirical investigation in the pharmaceutical industry [J]. Journal of Business Research, 2019, 101 (8): 402-410.

[41] 裴云龙. 产学科学知识转移对企业技术创新绩效的影响效应研究 [D]. 西安: 西安交通大学, 2017.

[42] KIM N, KIM E, LEE J.Innovating by eliminating: Technological resource divestiture and firms' innovation performance [J]. Journal of Business Research, 2021, 123: 176-187.

[43] NAJAFI-TAVANI S, NAJAFI-TAVANI Z, NAUDE P, et al.How collaborative innovation networks affect new product performance: Product innovation capability, process innovation capability, and absorptive capacity [J]. Industrial Marketing Management, 2018, 73 (8): 192-205.

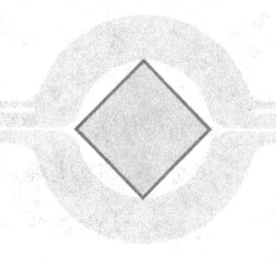

创新生态链的体系研究
——以林至科技为例

摘要： 本文基于创新生态系统理论，运用案例分析方法，通过对林至科技的创新生态链进行分析，对创新生态链的内涵、特征以及作用做出了解释；同时发现，林至科技在创新资源整合的过程中，将理论、技术、材料、产品、市场五大要素分为知识和需求两个模块，借由材料这一要素将两者连接起来，进而形成创新生态链。

一、引言

高新技术具有知识密集、附加值高的特点,为产业带来高增长和低能耗等优势,并推动高新技术产业成为各国发展和支持的主导产业。《"十三五"国家科技创新规划》指出,高新技术发展及产业化水平直接关系国家科技竞争力和产业核心竞争力,高新技术产业发展水平和创新效率直接影响我国产业发展水平和综合国力。

随着科技的进步与全球经济一体化进程的加快,高新技术企业在全球范围内形成了以"面向客户需求、协作R&D、知识产权许可、技术标准合作、战略联盟"为核心的基于构件或模块的知识异化、共存共生、协同进化的创新体系,具有类似自然生态系统的基本特征,可视为一种创新生态系统。在创新生态系统中,一个企业技术创新的最终成功往往依赖于高校、科研院所、企业等创新主体与其所在的创新环境相互作用,而其中各个企业与其相关创新主体之间又形成了支撑整个生态系统的创新生态链。本文对佛山林至高分子材料科技有限公司(以下简称"林至科技")的创新生态链进行讨论,来研究创新生态链的定义。

二、文献回顾

经济学家熊彼特最先提出创新的概念,认为创新是推动经济发展的根本动力。Klenow等通过对近百个国家的调查研究发现,人均收入增长的90%来源于创新。自创新的概念被提出以来,其内涵和研究领域便不断被更新。2005年，创新被认为是通过开发新技术并将其转化成生产力和成果再进行扩散的过程。2010年，经济合作与发展组织将创新定义为组织管理、商务活动或对外关系中的产品创新、工艺创新、组织创新和营销创新。截至目前，创新理论历经数代发展，其范围、组织、动力机制和行为均发生了极大的变化。Laranja等提出，创新范式的研究经历了三大阶段：第一阶段，即线性创新模式阶段（创新范式1.0）；第二阶段，即创新系统阶段（创新范式2.0）；第三阶段，即创新生态系统阶段（创新范式3.0）。无论是哪一阶段的创新范式，都离不开政府的宏观调控。Yin等在研究创新生态系统时，将政府视为创新主体之一，认为其会影响企业进入创新生态系统时的决策，并且有时为吸引更多企业的进入，政府会提供一定的资金支持。除了会直接影响创新生态系统主体行为，Arribas-Ibar等通过研究发现，政府的引导性政策文件也可以通过引导绿色出行、绿色消费从而控制新能源汽车这一行业创新生态系统的产生。

创新生态系统如同生物系统一样，从要素的随机选择不断演变到结构化的社群。从系统的角度看，企业不再是单个产业的成员，而是横跨多个产业生态系统的一部分，在一个生态系统中，企业在创新中不断发展、提升能力；它们依赖合作与竞争进行产品生产，满足客户需求并最终不断创新。"生态系统"概念的提出体现了研究范式的转变：由关注系统中要素的构成向关注要素之间、系统与环境间的动态过程转变。

在创新驱动发展的背景下，企业通过构建创新生态系统保护自身，形成可持续的竞争优势。贺团涛和曾德明认为，高科技企业创新可以看作一个生态进化系统，高科技企业创新生态系统与自然生态系统有着相似之处。企业通过改变系统的边界或组织结构、整合企业创新资源，形成利益分配、相互合作的机制，以诚信为联系纽带，进而共享知识、信息、技术、渠道等，并获得竞争优势，适应环境变化。除高科技企业之外，企业的创新逐渐形成了一个范式。李万等提出，企业创新在逐渐进入一种嵌入与共生式的创新，创新步入了创新 3.0 范式阶段，其中最新型的体系便是创新生态系统。针对创新生态系统，以往学者多从创新模式、系统演进等方面进行研究。荣四海通过分析传统产学研合作创新模式的弊端，构建出能够弥补其弊端的基于创新生态链的产学研合作模式，并通过价值链、创新链与营养链的概念分析其中的运作模式。王宏起等指出，创新生态系统是在创新驱动力、需求拉动力和政策引导力的综合作用下实现了持续演进。

创新生态链源于创新生态理论，顾志燕和戴伟辉将企业间的创新视为一个自主创新群体的生态群落模式，而其中的组成部分为创新生态链。Beltagui 等将 3D 打印这一跨时代的技术视为生态系统中的外来入侵者，并且由于外来入侵者强大的竞争力，此类具有独特性的高新技术将会取代一些现有企业技术成为生态链主导者。因此，企业在构建创新生态链的同时，也要将自身的创新生态链融入创新生态系统，防止入侵者破坏自身的创新生态链。

创新生态系统与创新生态链之间有着密不可分的联系，本文通过对林至科技的案例进行研究，分析得出创新生态链与创新生态系统之间的区别与联系。

三、案例背景

林至科技是一家创立于 2008 年 4 月的高新技术企业，是极限缓冲材料与技术解决方案的供应商之一。林至科技的研发机构，即 ACF 实验室，主要研究并模仿人的软骨组织，研发了 ACF 人工软骨仿生吸能材料（以下简称"ACF 材料"）等一系列缓冲吸能材料。林至科技的企业特征可以从"专精特新"四个方面进行分析。

（1）"专业化"：指采用专项技术或工艺通过专业化生产制造的专用性

强、专业特点明显、市场专业性强的产品。其主要特征是产品用途的专门性、生产工艺的专业性、技术的专有性以及产品在细分市场中具有专业化发展优势。

（2）"精细化"：指采用先进适用技术或工艺，按照精益求精的理念，通过精细化管理，精心设计生产的精良产品。其主要特征是产品的精致性、工艺技术的精深性和企业管理的精细化。

（3）"特色化"：指采用独特的工艺、技术、配方或特殊原料研制生产的，具有地域特点或特殊功能的产品。其主要特征是产品或服务的特色化。

（4）"新颖化"：指依靠自主创新、转化科技成果、联合创新或引进消化吸收再创新方式研制生产的，具有自主知识产权的高新技术产品。其主要特征是产品（技术）的创新性、先进性，且具有较高的技术含量以及较高的附加值和显著的经济、社会效益。

正是由于"专精特新"的特点，高新技术企业具备独有的核心竞争力，其能够通过科研成果转化来实现商品化。然而我国高等院校普遍存在科研成果难以市场化的现象，本研究通过分析林至科技的创新生态链，为我国高校科技成果转化提供一定的理论指导，促使更多新技术得到快速推广。

四、案例分析

（一）林至科技的创新生态链

本文通过对林至科技整个创新过程进行分析，得到了其创新生态链，如图1所示。它由理论、技术、材料、产品、市场五个要素构成，而这五个要素又可被分为两个模块。

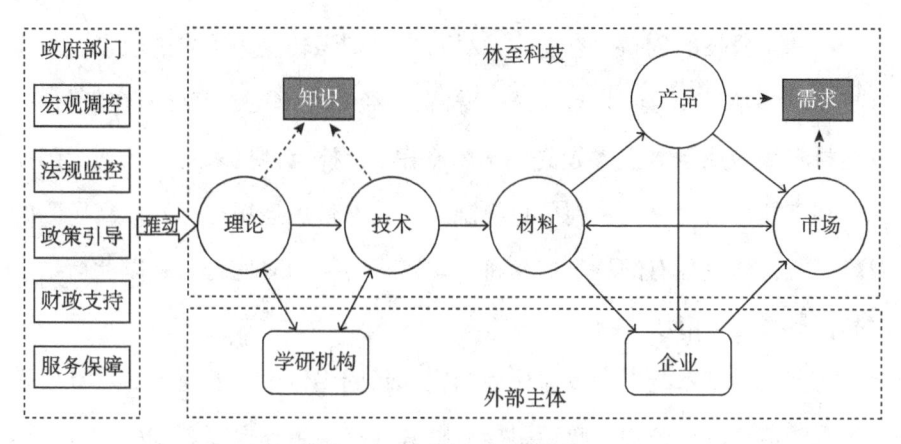

图 1　林至科技的创新生态链

一个模块是知识。林至科技通过将高分子化学、力学、仿生学、数学、超材料等多学科进行交互，构建自身底层技术，并通过与从事基础研究的学研机构进行合作，相互学习并不断完善自身理论知识体系，以提升企业的研发能力和技术创新能力；通过与香港科技大学等高校合作，由高校为企业提供优质的人才，以更好地提升企业的技术价值、社会价值，高校则通过与企业交流学习，寻找技术突破口，学习技术落地方法。

另一个模块是需求。林至科技主要通过三种形式来开辟市场：第一，林至科技最开始只是销售自身研发材料，并不会将材料进行二次加工形成产品进行销售，通过与外部企业进行合作，由外部企业针对特定市场提出特定需求后，林至科技研发出具有新性能的材料并进行加工形成满足特定需求的产品。第二，林至科技会根据市场需求将材料投入市场，并依据市场反馈有针对性地改良自身产品。林至科技在制造军品时通过了解应用场景，针对应用场景的具体需求，完善材料性能，使产品更好地符合需求。第三，林至科技采用授权分销商的形式，将产品进行细分并委托特定的分销商进行售卖。林至科技在制造鞋垫这一产品时，先将鞋垫这一行业按照运动类、医疗健康类等应用场景分类后，每一个应用场景又会进行二次划分，如将运动类鞋垫根据用途划分为篮球、登山、广场舞等方面。

在林至科技的创新生态链中，材料是将知识转变为需求的纽带。林至科技通过多学科交互，发现了 ACF 材料，经专业评定，该材料在新材料、吸能材料领域属于"世界领先，国内空白"。林至科技采用"从理论到技术，基于技术衍生材料，利用材料制造产品，最后运用产品开拓市场"的战略模式，通过独有的科学技术将用户需求转换为对应材料，以此衍生出产品，最终占领市场份额。

在创新生态系统中，政府作为制度创新的主体，在宏观层面可有效发挥宏观调控、法规监控、政策引导、财政支持、服务保障等作用，以及提供优良的政策环境、资源环境、法律环境，对创新生态系统中的创新活动进行扶持与推动，且创新生态系统中的其他创新主体和创新活动均受政府政策影响。在创新生态链中也不例外，政府这一主体虽然不会直接加入创新生态链中，但是政府对于林至科技创新生态链的形成产生了重要的推动作用。

广东省政府提出的《珠江三角洲地区改革发展规划纲要（2008—2020年）》规划了 2008—2020 年珠江三角洲地区改革发展的目标，其中提到大力发展高技术产业，新材料领域重点发展新型电子材料、特种功能材料。林至科技在创立初期也很好地响应了这些政策来推动企业后续的发展。

林至科技鞋垫产品中针对登山这一细分领域的形成便是如此。广西旅游政府部门为振兴旅游，与林至科技进行合作，推出具有广西特色的缓冲鞋垫。在旅游开始前，林至科技为游客提供一双鞋垫，旅游结束之后，如果游客对于林至科技鞋垫的使用感到满意则可以进行消费购买，若不满意则可以进行退还，此举也为林至科技开辟了登山这一细分领域市场。后续林至科技又经教育部与七星小学进行合作，为七星小学跳绳队捐献运动型鞋垫。这一切与政府对于高新技术企业创新创业的大力支持分不开，政府通过政策、资金以及服务等推动着林至科技创新生态链的形成。

林至科技的创新生态链有以下三方面的特点。

（1）各主体间的依赖性：指成员的生存和发展依赖于创新生态链自身的生存和发展。无论是林至科技的上游实验室还是下游合作方，都是围绕林至科技，并通过知识、技术、材料、产品与市场捆绑在一起。

（2）各主体目标的统一性：指生态系统水平上对消费者独特的价值定位。林至科技最初从自身技术出发，找寻对应市场；而后通过消费者、合作方、政府部门等的反馈，整合自身技术资源与知识资源，从而满足市场需求。通过这一过程，创新生态链上各主体能够明确消费者的价值定位，从而开拓市场。

（3）知识与技能的共享性：指技术和能力的互补集合。ACF实验室与从事基础研究的学研机构互相交换知识资源，并将知识资源反馈给林至科技，林至科技通过知识资源获得专有的技术资源，并通过技术资源与对应的合作方交互相应的技能。例如，林至科技提供ACF材料技术，制造型企业根据需求制作对应产品，销售型企业打通对应领域市场。每个创新主体各司其职，完成整个供应链的构建。

（二）林至科技创新生态链中的资源配置

林至科技的创新生态链是以林至科技为主导，各个相关创新主体之间相互合作形成的。各主体之间的交互是一个创新资源整合的过程，其中创新资源包括知识资源、技术资源与市场资源。本案例以林至科技为主导企业，探讨其与所处创新生态链中其他各主体的创新资源整合过程，如图2所示。

（1）知识资源。知识资源作为整个创新生态链的底层，其能够引领并推动整个创新生态链的运作方向，为整个创新生态链提供新知识，通过整合知识资源能够更好地与从事基础研究的外部学研机构进行交互，获取人才与更多的知识。ACF实验室与从事基础研究的外部学研机构进行合作：一方面，ACF实验室能够从学研机构中获取自己所需的知识并构建更完整的人才团队；另一方面，学研机构可以通过 ACF 实验室完善自身成果，挖掘新知识。

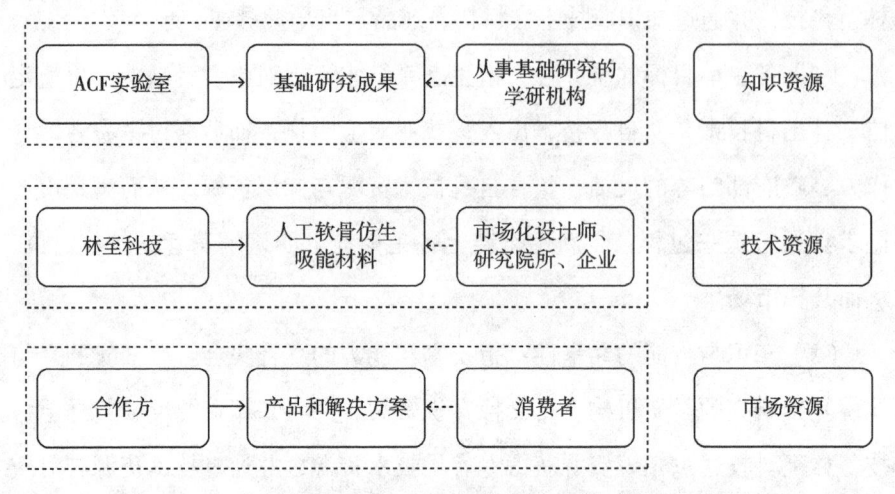

```
┌─────────────────────────────────────────────────┐
│  ACF实验室 → 基础研究成果 ⇠ 从事基础研究的学研机构  │    知识资源
└─────────────────────────────────────────────────┘

┌─────────────────────────────────────────────────┐
│  林至科技 → 人工软骨仿生吸能材料 ⇠ 市场化设计师、  │    技术资源
│                                   研究院所、企业  │
└─────────────────────────────────────────────────┘

┌─────────────────────────────────────────────────┐
│  合作方 → 产品和解决方案 ⇠ 消费者                │    市场资源
└─────────────────────────────────────────────────┘
```

图 2　林至科技创新生态链中的资源配置

（2）技术资源。对高新技术企业来说，技术资源便是它们的核心竞争力，只有取得先进性的技术，高新技术企业才能更好地树立技术屏障，减少竞争对手，增加合作方，也更容易开拓出新市场。高新技术企业在整合技术资源的过程中也会发现自身不足，为知识资源提供反馈。林至科技通过与科研机构、高校和企业等进行合作，能够将自身的技术价值向市场价值进行转化；企业能够通过林至科技的技术，使得产品在市场中更具竞争力。

（3）市场资源。市场资源分为两部分：一方面是供应端，供应端由林至科技与合作方共同组成。合作方提供产品，设计解决方案，减少进入市场的阻碍；林至科技按照合作方的要求制造材料，满足市场需求。另一方面是需求端，林至科技通过对已有市场的需求进行调研，反哺自身知识资源，在进入新市场时从消费者需求出发更容易占据市场，产品在市场中的竞争力也将大幅度提升。

（三）创新生态链的内涵、特征与作用

本文通过对林至科技创新生态链的案例进行分析，总结得出了创新生态链的内涵、特征以及作用。

1. 创新生态链的内涵

林至科技的创新生态链，围绕林至科技这一创新主体，通过对林至科技创新资源进行整合，提供解决方案，制造产品，进入市场。外部学研机构以及企业为林至科技提供新的创新资源，构建了一个由政府推动的产学研用一体化的创新生态链。由此，我们可以将创新生态链定义为：以主导企业为中心，通过与其他创新主体进行合作，整合创新资源，实施创新行为的一种合作模式。创新生态链中的各主体分工明确，有着相同的目标群体与价值定位，与其他创新主体以"拼长板"的方式进行合作，通过整合创新主体的知识、技术、市场等创新资源，实现创新主体之间的共赢。创新生态链与创新生态系统之间并不存在明显的隔阂。林至科技在形成自身的创新生态链之后，企业价值的提升随之带来了生态链价值的提升。创新生态链的形成需要除林至科技之外的其他创新主体的加入，其他创新主体又与其他创新生态链或创新生态系统有所连接，因而当林至科技的创新生态链形成时，该生态链将会自然地被新材料行业的创新生态系统所接收并融入进去。

创新生态链与创新生态系统之间最大的不同点在于：创新生态系统对于新创新主体的接纳程度更高，而成熟的创新生态链对于新创新主体加入的包容程度很低。林至科技在构建创新生态链时，与其合作的外部企业所拥有的创新资源并不具有唯一性。但是当新企业想要替代现有合作方位置时，会因为无法及时共享生态链所需的创新资源，而难以替代现有合作方。创新生态系统的概念更加广泛，其往往不是以单个企业为核心，而是以某一行业、某一区域为中心进行构建，与其相关联的企业、政府、学研

机构都能够隶属于该生态系统，各个主体之间的关系更加复杂；创新生态链可以通过几个企业或者学研机构间的合作进行构建，它的构建存在主导企业，由该主导企业引导创新生态链的发展方向，每一个主体各司其职，发挥自身作用，维系创新生态链。

2. 创新生态链的特征

林至科技的创新生态链具有以下几个特征：

（1）可持续性。创新生态链中的创新主体之间分工明确。每个创新主体认真履行自身职责，生态链内部和谐发展，持续进步。林至科技通过与外部学研机构以及企业进行合作，不断完善自身创新资源，获取稀缺资源，维持创新生态链的可持续性。林至科技最初只是一家研究型实验室，当研发出具有高效吸能缓冲性质的ACF材料后，便致力于获取自身独有的技术资源；后续通过整合自身创新资源发现欠缺资源，并寻找有着相应创新资源的企业或学研机构进行合作弥补欠缺资源，从而形成自身的创新生态链。

（2）利益相关性。创新主体之间由利益相联系，"一荣俱荣、一损俱损"。无论是林至科技还是合作方，当他们所处市场受到冲击时，创新生态链上的每一个创新主体的利益都将受到影响。例如，林至科技推出了广场舞专用鞋垫，然而当民众对于广场舞弊端的批评声较高时，参与广场舞的人员可能减少，从而引发专用鞋垫市场份额的下降，同时与林至科技合作的制造商利益也会受损。

（3）链与链之间的相关性。创新生态链可能通过主导企业或边缘企业与另一创新生态链进行连接。林至科技通过自身或者外部企业，将自身创新生态链与其他生态链进行连接，开拓更多的市场；同时，通过与其他外部企业合作，也能够进一步接触到不同的行业，由此生产出能够运用在军工、护具、防护等方面的产品。林至科技最初开拓鞋垫市场是在与医疗用品企业进行合作时，通过与医疗用品企业交流发现，人的许多疾病都是与振动冲击等有关，尤其是通过足部传导到人体的振动与冲击，因此，林至科技致力于发挥 ACF 吸能材料的特性，从而衍生出 ACF 鞋垫这一产品。

（4）可复制性。林至科技创新生态链体系可以为其他科研机构提供科技成果转化的思路。企业或科研机构可以学习成熟的创新生态链，构建自身的创新生态链。林至科技这一从技术出发最终覆盖到市场的创新生态链体系，为其他拥有高新技术的学研机构提供了一种模块化的落地方案。

3. 创新生态链的作用

创新生态链的作用可以从以下两个角度来考虑：一是主导企业，二是边缘企业。主导企业是引导整条创新生态链运行的企业，其在创新生态链当中有着不可替代的作用；边缘企业是在创新生态链中辅助主导企业完成创新生态链的运行、连接不同领域的企业。

在本案例中，林至科技作为该创新生态链中的主导企业，为整个生态链提供核心技术，正是有了林至科技的 ACF 材料，林至科技的创新生态链才得以构建，并且各外部机构通过与林至科技这一创新主体合作加入创新生态链，为创新生态链提供了不同的创新资源。林至科技提供维持整个生态链运行的技术资源与知识资源，外部企业通过技术资源与知识资源开拓市场资源，林至科技的技术先进性决定了外部企业在吸能缓冲领域中的地位。

对于主导企业而言，其拥有独一无二的创新资源，身处链上核心位置，自身不容易被生态链排挤，进而能够引导整条创新生态链的发展。但是，由于主导企业在链中处于核心位置，所以企业无法轻易进行大变革，主导企业的变革将会冲击整个创新生态链在创新生态系统中的地位。创新生态链为主导企业提供多样化的创新资源，有利于主导企业进入新市场。创新生态链融入创新生态系统后，能够提升主导企业的企业价值、提升行业领先地位。

对于边缘企业而言，其在链中处于边缘位置，容易与多个主导企业、边缘企业进行合作，从而获取更多的创新资源。但是，由于其在链中处于边缘位置，其作用并非无可替代，而是容易被外部入侵的其他边缘企业所替代。除林至科技之外的外部主体，为创新生态链提供知识资源、技术资源与市场资源，但是这些资源并非他们所独有的。创新生态链为边缘企业提供更广泛的业务范围，当创新生态链融入创新生态系统之后，边缘企业能够更容易地与系统内其他企业进行合作。

五、结论

通过对林至科技的创新生态链进行分析，本文发现创新生态链的构建过程实质是对自身创新资源的整合，从中发现不足并从外部创新主体获取欠缺的创新资源，由政府政策进行推动的过程。构建创新生态链需要满足以下4个条件：①创新生态链中的创新主体客户群体一致、价值观念一致、目标一致，并且这一目标需要满足市场需求。②创新生态链中的创新主体需要有不同的创新资源，各创新主体能够将自身创新资源投入并运用于创新生态链的构建，并且在其领域里存在一定的竞争力。③创新生态链涉及的领域需要具备一定的新颖性、战略性。林至科技涉及的新材料这一领域，正是我国重点扶持的八大新兴产业之一，这为生态链的形成提供了政策推动力，地方政府为企业提供优良的环境以便其进行创新。此外，政府政策也将吸引更多的创新主体加入创新生态链。④创新生态链中主导企业的不可替代性。其他外部企业所拥有的创新资源，无法轻易取代主导企业的创新资源。主导企业在行业内有着一定的核心竞争力。

我国高校中存在着许多科研成果，但是由于资源、方法等方面的欠缺，科研成果无法很好地落地，而林至科技"从知识出发、获取技术、开拓市场"的创新生态链模式，为各大高校的科研成果落地提供了可复制的方案。

无论是高新技术企业还是传统企业，创新生态链的构建离不开任何一环，每个企业都有着自己不可替代的作用。正是由于企业之间创新资源的多样性，企业间相辅相成，构建出一个又一个创新生态链，最终才能构建整个创新生态系统。

（赵炎，朴星辉，肖彦，上海大学管理学院/创新与知识管理研究中心）

参考文献

[1] SCHUMPETER J A.The theory of economic development［M］.Boston：Harvard University Press，1934：57.

[2] KLENOW P，RODRÍGUEZ-CLARE A.The neoclassical revival in growth economic：has it gone too far？［J］.NBER Macroeconomics Annual，1997，12：73-114.

[3] LARANJA M，UYARRA E，FLANAGAN K.Policies for science，technology and innovation：translating rationales into regional policies in a multilevel setting［J］.Research Policy，2008，37（5）：823-835.

[4] YIN D，MING X G，ZHANG X Y.Sustainable and smart product innovation ecosystem：An integrative status review and future perspectives［J］.Journal of Cleaner Production，2020，274：123005，DOI：10.1016/j.jclepro.2020.123005.

[5] ARRIBAS-IBAR M，NYLUND P，BREM A.The Risk of Dissolution of Sustainable Innovation Ecosystems in Times of Crisis：The Electric Vehicle during the COVID-19 Pandemic［J］.Sustainability，2021，13（3）：1319.

[6] CAO X，OUYANG T H，BALOZIAN P，et al.The Role of Managerial Cognitive Capability in Developing a Sustainable Innovation Ecosystem：A Case Study of Xiao mi［J］.Sustainability，2020，12（17）：7176.

[7] MOORE J F.Predators and prey：A new ecology of competition［J］.Harvard Business Review，1993，71（3）：75-86.

[8] 曾国屏，苟尤钊，刘磊.从"创新系统"到"创新生态系统"［J］.科学学研究，2013，31（1）：4-12.

[9] 贺团涛，曾德明.高科技企业创新生态系统形成机理研究［J］.科技管理研究，2008，28（11）：28-31.

[10] 李万，常静，王敏杰，等.创新3.0与创新生态系统［J］.科学学研究，2014，32（12）：1761-1770.

[11] 荣四海.基于创新生态链的产学研合作模式研究［J］.郑州大学学报（哲学社会科学版），2007（5）：66-68.

[12] 王宏起，汪英华，武建龙，等.新能源汽车创新生态系统演进机理：基于比亚迪新能源汽车的案例研究［J］.中国软科学，2016，4（4）：81-94.

[13] 顾志燕，戴伟辉.电子信息产业的可持续创新生态链研究［J］.软科学，2006，4（4）：99-102.

[14] BELTAGUI A，ROSLI A，CANDI M.Exaptation in a digital innovation ecosystem：The disruptive impacts of 3D printing［J］.Research Policy，2020，49（1）：103833.

[15] 范洁.创新生态系统案例对比及转型升级路径［J］.技术经济与管理研究，2017（1）：32-37.

企业数字化转型对创新的影响研究

摘要： 企业的"数字化转型"是基于IT技术提供的一切所需要的支持，让业务和技术真正产生交互而诞生的。越来越多的企业将"数字"视为核心资产、新资源和新财富。究其根源，数字化转型无非是产业转型升级、抢占新的竞争制高点的有效助力。本文结合数字化转型的定义、特征以及内涵，深入探索了数字化转型对企业带来的影响，以及企业如何运用数字化转型构建企业竞争优势。

一、引言

数字经济时代，数据化的数据资源，成为继土地、资本、人力、技术之外的又一核心生产要素。思科首席数字官凯文·班迪（Kevin Bandy）表示，企业要想在数字时代保持竞争力，就要做到每18~24个月对运营模式进行一次革新。对大型企业而言，以这种速度进行变革似乎有些不切实际，但企业的生死存亡恰恰取决于此。当下企业领导者面临的共同挑战是：企业如何在当前数字经济不断蚕食传统经济的大形势下，借助创新保持领先地位？因此，本研究拟深度探索企业如何借助数字化实现创新，并进一步从运营、战略、文化方面揭示企业实施数字化转型的路径。

二、企业数字化转型的定义与内涵

企业数字化转型是企业借助数字化解决方案，将物联网、云计算、大数据、移动化、智能化技术应用于企业，通过规划及实施商业模式转型、管理运营转型，为客户、企业和员工带来全新的数字化价值提升，不断提升企业数字经济环境下的新型核心竞争能力。

企业的数字化转型内涵通常体现在营销、运营、产品、服务、人才等方面。数字化营销转型方面，微信、微博和电商的繁荣让数字化营销在中国企业中快速普及，移动互联网和大数据成为数字化营销的重要创新利器；数字化运营转型方面，众多企业采用了以 ERP（Enterprise Resource Plan）为核心，包括 CRM（Customer Relationship Management）及 SER（Social

Environmental Responsibility）的数字化运营平台成为企业完善管理流程、实现业务协作、提升决策透明度的重要基础；数字化产品转型方面，数字化成为产品的新内核，远程连接、云体验和场景化体验给用户带来全新的产品体验价值。数字化产品需要以产品全生命周期管理为理念，以数字化设计、数字化制造为手段，加快产品创新速度，快速满足产品个性化定制需求；数字化服务转型方面，基于物联网、大数据、云平台，实现产品远程连接、场景感知、需求预测、远程诊断、主动服务，传统的响应型、低响应的服务需要加快向主动的、可预知的、实时感知、快速适应的数字化服务转型。数字化人才转型方面，数字化时代，需要实现流程、资产、设备与人员的数字化连接，亟须通过人员赋能加快人员的数字化连接、协同、分析、决策能力，提升数字化时代人员的自治管理、自主决策、自主经营、自我提升的能力。

三、数字化转型为企业带来的影响

具体而言，数字化转型不仅能够为企业降本增效，而且还能够赋能企业流程再造，打造企业可持续竞争能力。

（一）数字化转型能够为企业降本增效

国际供应链大会上世界经济论坛发布的《第四次工业革命对供应链的影响》白皮书指出，79.9%的制造业企业和85.5%的物流企业认为，在不考虑金融影响的前提下，数字化转型将产生积极影响，数字化变革将使制造业企业成本降低17.6%、营收增加22.6%，使物流服务业成本降低34.2%、营收增加33.6%，使零售业成本降低7.8%、营收增加33.3%。此外，应用数字技术可以提升企业的效率。互联网集中了大量数字技术资源和服务，通过大幅提高应用效率而产生经济价值。互联网服务直接引起计算服务、信息服务的集中，并进一步促进了各类服务资源的集中，使得集中式、开放型服务平台有了很大发展空间。

（二）数字化转型赋能企业流程再造

在数字经济时代，企业价值创造模式由传统线性向链条式、网络化转变，使得传统企业之间竞合方式趋于生态化、平台化。例如，GE与苹果达成合作，把Predix平台的开发工具和微服务开放给苹果，吸纳开发者加入工业App开发，这将帮助把Predix平台打造成一个工业领域超级商店、一个知识交换中心，促进基于平台的开源社区生态繁荣。例如，阿里云依托"ET工业大脑"平台，集聚江苏省内30家信息服务企业技术能力，为300家制造业企业提供系统解决方案服务，推动大中小企业的合作从简单的技术传递向可交易、可协作的服务生态转变。

各项经济社会活动与数据的产生、传输和使用密不可分，数据作为独立的生产要素在价值创造过程中加速流动，数据流动强调信息系统的互联互通和综合集成，挖掘了智慧组织、管理与服务的新价值。信息技术的发展使得数据的流动不必再遵循自上而下或自下而上的等级阶层，这种无差别、无层次的数据流动方式极大地颠覆了企业传统的金字塔型管理模式，驱动企业组织结构的变革、业务流程的优化和工作内容的创新，企业组织管理逐渐由以流程为主的线性范式向数据驱动的扁平化协同化范式转型，形成信息高效流转、需求快速响应、创新能力充分激发的组织新架构。

（三）数字化转型有助于企业打造可持续核心竞争能力

从企业看，以客户为中心是企业在市场竞争中存活下来的关键。数字化浪潮的到来，用户信息不对称的地位得到极大改观，客户感知价值最大化成为导向，从根本上改变了传统以生产为主导的商业经济模式，给企业的经营带来了巨大的挑战，也带来了新的机遇。有别于传统工业化发展时期的竞争模式，数字经济时代企业核心竞争能力从过去传统的"制造能力"变成了"服务能力＋数字化能力＋制造能力"。企业要具备开展技术研发创新的能力，加快研发设计向协同化、动态化、众创化转型，要具备生产方式变革的能力，加快工业生产向智能化生产、柔性化服务转变，企业要具备组织管理再造的能力，加快组织管理向扁平化、自组织化发展，企业要具备跨界合作的能力，推动创新体系由链条式价值链向能够实时互动、多方参与的灵活价值网络演进。

四、借助数字化转型激发企业创新发展

（一）动态化运用数据，激发创新

企业运用数据的方式必须由静态转向动态，企业需要灵活配置已有的内部资源，并运用动态化的数据来创新产品推广方式和服务内容。随着与数字化平台的连接，公司可以采集用户数据，出售关于产品或服务的度量数据，也可以出售产品或服务的设计、运营以及服务等。这些数据非常有价值，因为它们不仅能度量市场和复杂系统，还能提供企业洞察；不仅推动着价格和供求关系的变化，还能刺激企业调整服务、未雨绸缪，帮助企业获得先发优势。

企业需要灵活配置已有的内部资源，并运用动态化的数据来创新产品推广方式和服务内容。随着与数字化平台的连接，公司可以采集用户数据，出售关于产品或服务的度量数据，也可以出售产品或服务的设计、运营以及服务等。

例如，特斯拉通过数据采集促成商业模式的构建，通过数据采集开发出新的商业模式，特斯拉将豪华电动汽车带入市场，并首次大规模地为汽车配置了数字化平台。特斯拉将数据采集系统与汽车联结起来，以便系

统地采集重要系统组件的性能数据。特斯拉的数据采集系统与公司总部相连，当汽车遇到故障时，总部可以进行干预。通过详尽地采集数据，特斯拉可以细致地检查任何电动汽车的性能。当某辆特斯拉汽车着火了，车载系统可以检测到着火的情况，而汽车将按照预先设计的程序运行。车主能够按照车载预警系统的指令驶离快车道，将车开到停车点，并且毫发无损地离开汽车。此外，由车载系统采集的数据，还可以被特斯拉用来详尽解释事故的性质以及车载系统的卓越性能。

美国农用机械制造商约翰·迪尔公司（John Deere），也在为谋求新的创新发展而充分运用数据。公司通过 FarmSight 程序，可以从新的角度观察农场产量，并为农场主提供更基础的数据，帮助他们优化决策，FarmSight 程序采集了关于农作物种植、耕作、收获等方面的详尽数据，并在农场主做农事决策时提供帮助。这些决策通常涉及种植、杂交种子选择、土壤处理、种子和设备的资金筹措等。

通过 FarmSight 软件，约翰·迪尔公司采集了关于设备性能和使用情况的数据，反映了对农作物的管理情况。这些数据还包含一些耕种细节，如施肥和农作物管理等。约翰·迪尔公司可以系统地采集这些信息，并将其作为一项服务反过来提供给农场主。这些数据帮助农场主优化农作物管理，从而实现更多盈利。

借助于数字化转型，约翰·迪尔也改变了与客户之间的关系。约翰·迪尔公司变成了推动农场盈利水平增长的重要推力。通过更多的数据采集、处理和云端数据存储，为农场主提供定制化的农作物管理解决方案，如提前告诉农场主哪些关键设备需要维修，哪些新产品的经济价值更高。

企业若想借助海量的动态化数据进行创新，首先，可以借助传感器和设备的运营数据，帮助研发团队优化产品设计和性能。其次，可以整合来自传感器和设备的运营数据，从服务创新的角度创造出更多影响客户决策的产品或数据服务。最后，企业需配备自学习算法以处理快节奏的数据，运用数据实现自动化，帮助客户节约更多时间，为客户提供更多便利。

（二）借助数据信息共享，打造新的产品或服务

谷歌的创新流程通过访问和创造新数据实现，其涉足的每项业务都在全方位地组织各种信息。谷歌创新的原则是"把筹码压在技术上"，并将支持业务发展的信息和数据当成未来发展的命脉。谷歌的所有商业产品都以度量为核心：通过度量用户、度量绩效、度量各种细节来洞察各种新的可能性，如无人驾驶汽车以及语音识别技术。谷歌的成功之处在于如何创造数据，并用数据打造各种产品或服务，如谷歌搜索、谷歌图书、谷歌学术搜索以及辅助程序员的谷歌代码。这些产品凸显了谷歌对数据创造的巨大热情。

例如，谷歌通过保存每一次谷歌搜索的数据，来追踪用户并创造关于用户的数据；将数据产品化，以方便的产品形式提供数据，解决特定用户的问题。此外，谷歌围绕诸如谷歌搜索、谷歌移动、谷歌文档和谷歌地图等产品，构建了由数据驱动的数字化平台。同时，每一种产品都创造出一系列全新的、关于用户和新的数字市场的数据。再者，谷歌的数据增长催生了业务发展，新的数据产品促成了新业务。例如，谷歌地图催生了谷歌交通（一款实时度量交通流量的产品）、谷歌公交（一款关于公共交通服务的产品）以及谷歌业务试图（一款使企业能够发布所有下属子公司全景照片的产品）。

（三）构建源于数字化平台的创新循环

这些源于数字化平台的创新循环包括以下几个方面，见图1。

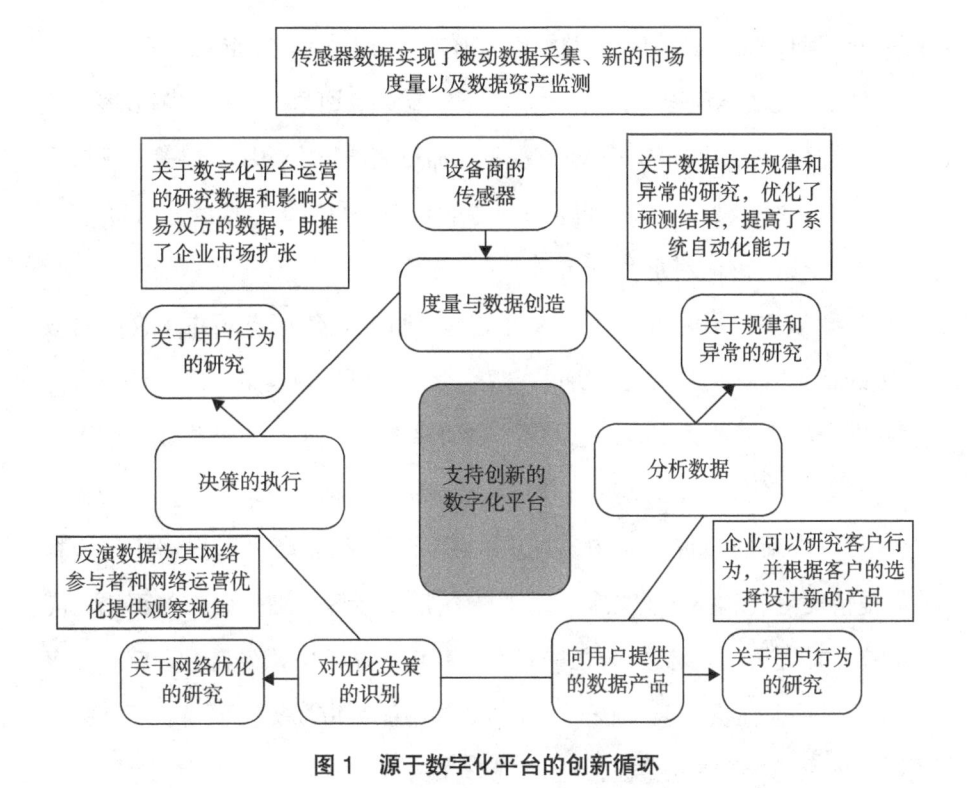

图 1　源于数字化平台的创新循环

1. 度量与数据创造

传感器数据实现了被动数据采集、新的市场度量和数据资产的监管。例如，Nest 企业聪明地配置了测量温度的传感器，通过度量光照和动作，间接度量人们是否在家。传感器层面上的创新，给数字化平台带来全新的度量。正如优步、滴滴那样，以移动设备为基础的被动数据采集，就是度量间接特征（比如客户的需求）的绝佳方式。汽车、家用电器以及其他物品，几乎都可以与互联网相连，实现被动数据采集。与此同时，还可以间接度量客户，企业了解了门户网站在数据采集方面的功能，就可以运用数据采集过程开发商业模式或服务方面的创新机会。

2. 对识别出的规律和异常进行分析

数据科学家突出的研究重点之一是利用广大数据识别规律和异常，从而找出预测方法，大数据将催生更具创新性的业务流程。这些流程由大数据分析驱动，借助自动化可以预测客户的需要或是市场运转的情况。

Nest能够推测一家人将在星期五下午早一点回家，并据此调节屋内温度。通过Nest也可以启动其他流程，如加热微波炉中的比萨饼等。理解了其中的复杂性，便可以实现自动化，这种创新来自对大数据的分析研究。

3. 运营数据识别用户行为

运营数字化平台的一个极大好处是有机会采集所有用户（含交易双方）的相关数据。正如我们所说，数字化平台可以根据某些类型的数据开发数据产品或服务。有时，它们看起来不像数字数据，更像猫途鹰或大众点评网上的评论。通过度量用户与数据产品的互动，获得对新用户的新洞察，可以在新的数据产品中实现更大的创新。猫途鹰可以根据用户资料（如爱情美满、和孩子们旅行、省吃俭用地生活等）细分用户的评论。度量用户的机会数不胜数，公司一旦在这些创新循环中错失良机，就会被潜在竞争对手抓住机会迎头赶上。公司如果不能为市场提供更新、更好的数据产品，那么自身的业绩也将会下滑。

4. 最优化网络

运营数字化平台意味着企业可以拥有观察整体网络的视角。通过数据反演，企业能够从其他视角识别出（不仅仅是最终用户或客户的角度）降低成本和提高服务质量的关键流程。例如，亚马逊可以从缩短货运时间和降低成本的角度来观察市场，因为他们掌握了关于货运规则的海量数据，与承运商建立了十分密切的关系，能够改变配送中心的功能和用途，以加快向大部分客户发货的速度。此外，特斯拉可以根据车主的驾驶模式辨别充电站的位置，然后告诉用户最合适的充电地点，从而构成完整循环，将新的网络功能与客户的行为连接起来。

5. 提升市场绩效

将交易双方和关于资产的数据产品结合起来，在经济上具有巨大优势。对数字化平台而言，这意味着所有交易，甚至是非交易，都可以得到度量和检验。这种密集追踪用户（即交易双方）行为的能力，可以创造出新产品。Facebook 为了提升社交媒体数据的赢利水平，开发了许多产品，该网站的创新循环催生了很多产品。例如，"Facebook 赞助内容"以及"Facebook 位置"等。一旦数据表明这些产品并未取得预期的效果，或者是在市场中造成负面的影响时，Facebook 还会选择撤回此类产品。

数字化平台为激发商业创意提供了绝好的机会，因为平台运营和客户行为创造了海量数据。事实上，每一次互动都可以被度量。但想通过对数据的洞察实现创新，企业需要培育一种容许探索与发现的文化。

创新不仅要通过市场需求实现，还要通过数据能力实现。将新的数据产品带入数字化平台的市场，很大程度上依靠计算机代码的编写，因此，企业必须组建一个灵活而又有才干的程序员团队。此外，数字化平台应当保持灵活，并且时刻保持对新创意和用户开放。

五、企业实施数字化转型的路径分析

企业想要实现数字化转型，可以从运营、战略、文化三个维度，不断提升组织的敏捷性和对环境的适应性。

（一）借助技术实现运营数字化转型

1. 制造型企业可以通过 IT 集中管控来实现业务运营流程和服务功能的优化

企业可以对业务运营流程和服务功能进行梳理，将业务服务化、共享化作为实现运营提升的数字转型重点。例如，越秀地产在内部设立流程信息部门，该部门为各个业务部门和下属板块提供所有与数字化和信息化相关的服务，通过对 IT 的集中管控，实现 IT 投入的集约化，能更大程度提升企业资源的优化配置，提升运营效率。此外，启用全新数据平台解决了

不同数据系统相互孤立的问题。统一数据口径、标准化管理、分析和输出数据，使集团不同业务系统产生的数据实现了自由交互，经营数据的价值能够得到最大化利用，让各业务线的数据更快、更准地呈现在决策者的大屏上。通过数据分析和洞察，越秀地产能够对于未来企业运行情况进行预测，公司战略以及业务也能做出相应的动态调整。通过业务服务化以及全数据平台的管理，越秀企业真正实现流程的精简，用流程自动化提高决策的执行力。

2. 通过运用自动化技术、仿真与云计算技术，打造智能供应链

利用自动化技术、仿真与云计算技术实现产品制造过程的自动化与智能化，智能工厂给制造型企业带来的最直接的效益是生产成本的下降和生产效率的提升。例如，2017年竣工的吉利V汽车项目，采用了中国第一套全流程汽车仿真生产系统。通过在仿真系统中的模拟演练，可以减少人为失误风险，大幅度节约制造成本，缩短研发周期，使冲压环节的零件加工合格率达到100%，焊装环节的焊点定位合格率达到99.8%，总装环节的装配合格率更是达到100%。

此外，企业通过建设互联网平台连接供应链上下游，可实现全产业链更高效的协同运作。例如，上汽集团推出了面向汽车行业的工业互联网平台，打通了上下游之间的信息渠道，消除供应商、生产商和经销商之间各个环节的信息滞后和不对称，使得供应链库存下降40%，制造成本减少5%，生产效率升高3%。

3. 通过一体化营销和全生命周期服务，为用户提供差异化体验

打通线上线下消费者数据，实现全链路数据资产的无缝整合，构建一体化营销和全生命周期的服务，在为用户提供差异化体验的同时，降低企业的获客成本。例如，比亚迪一方面在全国70%以上的门店部署智能POS机，联合地动仪等设备捕获线下店铺消费者信息，将门店流量转化为数据流存放在"数据银行"；另一方面，积极拓宽线上营销渠道，积累潜在消

费群体,配合"数据银行"向高意向消费者进行精准营销,提升订单转化率。2017年"双十一"期间,比亚迪新增线上订单中超过50%来自"数据银行"中沉淀的高意向消费者,线下门店访客、线下培育为比亚迪带来订单占比超过7%。相对于传统的线下渠道的单一引流方式,比亚迪的新汽车电商模式使其获客成本降低80%。

(二)构建数字化创新生态体系

从战略层面上来看,企业可以通过与合作伙伴进行数据共创共享、价值链资产合作来构建数字化创新生态体系。在数据共创共享方面,互联网企业坐拥海量数据,首先开始与品牌商开展合作,发力精准营销。腾讯从2015年开始利用其社交平台及生态体系中的消费者数据,与各个品牌开展社交广告合作,基于消费者标签与画像,定向推送营销信息。在价值链资产合作方面,未来的零售业态涉及线上线下资源,必须利用各类从业者的优势整合价值链,向消费者提供全新的体验。互联网企业充分认识到这一点,在过去两年内通过外部战略投资与合作,全面发力实体零售布局。例如,在超市、卖场方面,阿里巴巴通过技术研发、供应链整合以及与线下百联集团、大润发、新华都等超市和卖场合作,打通会员系统,构建支付互联、物流联合的系统。而京东则联合永辉超市、沃尔玛超市推出京东到家,并在会员、物流仓储上深度整合。在生鲜、餐饮方面,阿里巴巴打造线上线下一体的生鲜餐饮店盒马鲜生,投资易果,独家运营天猫超市和苏宁生鲜。京东则建立生鲜事业部,建立3千米内商超生鲜为主的O2O平台。在物流方面,阿里巴巴联合多家集团和快递成立菜鸟物流,布局智能物流。京东自建仓配和物流京东物流,入股第三方众包配送平台达达。

未来商业世界的赢家将是那些精通组织协调能力、始终占据数字化生态系统核心位置的组织。这些领军者能迅速、恰当地与客户、最终用户、供应商、联盟伙伴、开发人员、数据源、智能设备制造商及专业人才提供机构建立新的数字化伙伴关系。

（三）构建并实施数字化企业文化

企业文化变革是成功转型的决定性因素。构建并实施有利于数字化转型的企业文化，可以从以下三个方面着手做出努力。

第一，鼓励员工大胆冒险，培养员工开拓创新的思维，容许员工犯错，从失败中汲取经验和教训，而不是安于现状。为了激发员工的冒险精神，企业管理人员需要改变自己的思维模式。波士顿卫生保健医疗中心的首席信息官乔治·汉拉（John Halamka）博士认为，企业领导者必须承认失败是成功的先决条件。"失败是一个有效的结果"，他说，"可穿戴计算机是伟大的，然而事实证明谷歌眼镜在目前阶段还不适合我们。我们可能会发现病人喜欢苹果手表（Apple Watch），并且它成为一个平台。我们很难预测结果，但即便是这样也没有关系。"

第二，鼓励合作以及价值共创。数字化转型成功源自跨部门、跨单位、跨职能的集体努力和知识共享。较之传统组织，数字化转型的迭代和快节奏要求组织拥有更高的透明度和员工互动水平。企业可以通过跨部门合作、内部论坛公开分享以数据为导向的研究成果，来营造有利于数字化转型的文化氛围。此外，企业需要鼓励员工积极开展外部合作，与客户和合作伙伴一起创造新的解决方案。培养员工的同理心，鼓励员工站在客户角度来进行产品开发和改善客户体验。

第三，通过塑造和嵌入数字型企业文化，企业可以获得可持续业绩，并获得竞争优势。为了成功实施数字化企业文化，企业可以通过审查每一个组织环境领域，如数字化领导力、创新型组织设计、卓越绩效管理、研发人员激励、资源管理流程优化、企业共同愿景使命、文化价值观、非正式沟通等来激励新行为的推行，并做出具体改变，防止产生不良行为。例如，英国天然气公司采用雅蒙（Yammer）作为企业协作平台，它允许员工分享赞扬和实战经验，并在不同职能之间协同工作；一家生命科学公司的领导人回顾了他们公司的"DNA 声明"，即对激情、质量、诚信、敬业度和创新的承诺，以确保这些原则和公司的系统支持新的数字型企业文化。

六、结语

数字经济时代，数字化不再是可选项，而是让企业得以生存的必选项。与此同时，数字化也为企业提供了难得的创新发展机会，这体现在：将信息技术和大数据高级分析变成利器，解决行业痛点实现真正的价值；建立敏捷组织，重塑企业文化及机制；运用数字技术，使得业务融入大数字环境中，赢得更多的数字生态伙伴，将业务拓展到更广泛的行业。

过去，企业的营收增长通过充分利用供应、劳动力和能源等方面的重要优势实现。如今，世界已由信息驱动。那些能够从大数据中获得洞察的公司将占据市场优势。这些优势将为他们降低成本、优化产品植入，并降低业务风险。在数据上有竞争力的公司将取得新的优势，并转化为巨大的经济效益。

（阳银娟，浙江理工大学经济管理学院；陈劲，清华大学经济管理学院；叶臻，清华大学技术创新研究中心）

参考文献

[1] Matt C, Hess T, Benlian A. Digital transformation strategies [J]. Business & Information Systems Engineering, 2015, 57 (5): 339-343.

[2] Reddy S. K, Reinartz W. Digital transformation and value creation: Sea change ahead [J]. Marketing Intelligence Review, 2017, 9 (1): 10-17.

[3] Barrett M, Davidson E, Prabhu J, Vargo, S. L. Service innovation in the digital age: key contributions and future directions [J]. MIS quarterly, 2015, 39 (1): 135-154.

[4] Fenech R, Baguant P, Ivanov D. The Changing Role of Human Resource Management in an Era of Digital Transformation [J]. Journal of Management Information and Decision Sciences, 2019: 19-29.

[5] Adamik A, Nowicki M.Preparedness of companies for digital transformation and creating a competitive advantage in the age of Industry 4.0. Paper presented at the Proceedings of the International Conference on Business Excellence [C]. 2018.

[6] Walker R.From big data to big profits: Success with data and analytics [M]. Oxford University Press, 2015.

[7] Verbeke W, Baesens B, Bravo C.Profit driven business analytics: a practitioner's guide to transforming big data into added value [M]. John Wiley & Sons, 2017.

数字经济促进传统制造业转型升级的内涵、逻辑与路径

摘要：数字经济的不断发展正在深刻改变着传统制造业的生产方式，成为推动制造业数字化转型升级的强大动力。目前，我国传统制造业面临着来自国内外的双重压力，亟须顺应数字经济发展潮流，加快数字化转型升级。研究认为，我国制造业应利用数字化解决行业"痛点"，着眼于数据利用、基础设施建设、信息技术运用、人力资本培育、市场开发等维度，以新技术、新模式、新业态推动制造业转型升级，深化与数字经济的融合程度，加快自身从制造到创造的转型步伐，提升我国制造业现代化水平，将传统制造业与创新中国相统一，实现制造业由大变强的历史性跨越。

一、引言

随着新一代数字技术的蓬勃发展，数字经济已经成为世界各国争夺的战略制高点。紧跟数字经济发展脉络，已是当下传统制造业转型升级的必由之路。目前，我国高度重视数字经济的战略作用，习近平总书记曾多次强调，要构建以数据为关键要素的数字经济，坚持以供给侧结构性改革为主线，加快发展数字经济，并强调要做大做强数字经济，加快推进数字产业化和产业数字化，推动新旧发展动能接续转换，打造新产业新业态。党的十九大报告提出，加快发展先进制造业，推动互联网、大数据、人工智能和实体经济深度融合。制造业是我国国民经济基础产业，如何将数字化、信息化、智能化融入制造业发展全过程是当前亟须解决的重点问题。现阶段，我国制造业承受着来自国内外的双重压力。一方面，发达国家制造业依靠原始积累，率先进行数字化转型升级，生产成本不断降低，科技含量不断提高，致使我国制造业国际竞争力相对较弱，在全球价值链中存在"低端锁定"风险；另一方面，随着国内劳动力和原材料成本优势衰减，"刘易斯拐点"的到来致使制造业原有的粗放式发展模式受到强烈冲击。在多重影响叠加之下，我国传统制造业亟须转型升级。而方兴未艾的数字经济因具有快捷性、高渗透性、膨胀性、外部性以及直接性等特点，能推动制造业进行智能制造，形成更强大的供应链，为传统制造业转型升级赋能。当数字经济与制造业关键结构不相适应时，数字技术就难以发挥其创造价值的作用，从而引发"IT悖论"。数字经济的发展使制造业的传统结构难以为继，传统制造业亟须把握数字经济作用机制，充分挖掘内部潜能,加速融合发展步伐,提高核心竞争力,最终实现数字化、智能化转型升级。

二、数字经济促进传统制造业转型升级的内涵与逻辑

(一)数字经济

数字经济概念起源于20世纪90年代。在数字经济中,数字网络和通信基础设施搭建了能够促进个人和组织交往、通信、合作和信息共享的平台。随着5G技术快速发展与应用,数字经济在全球经济社会中的重要作用进一步凸显,规模经济、范围经济及长尾效应构成了数字经济的主要经济环境。近年来,许多国家和国际组织针对数字经济提出不同见解。国际货币基金组织(IMF)认为,数字经济狭义上仅指在线平台及依存于平台的活动,广义上是指使用了数字化数据的活动。杭州G20峰会定义为,以使用数字化的知识和信息作为关键生产要素、以现代信息网络作为重要载体、以信息通信技术的有效使用作为效率提升和经济结构优化的重要推动力的一系列经济活动。综合来看,数字经济是以数据为基础,运用现代信息技术将数据转化为制造业可用信息,促使数据信息与传统制造业深度融合,不断提高制造业的数字化水平,加速制造业智能化转型升级。

(二)制造业转型升级

制造业是我国国民经济健康发展、社会大局稳定的重要基石,但是近年来却面临着多重发展掣肘:一是"锁定"全球价值链低附加值环节的低端制造业的劳动力成本优势不再,遭受发展中国家低劳动力成本竞争;二是高端制造业竞争优势未成气候,面临全球贸易保护主义和发达国家的壁垒堵截;三是传统制造业自身发展动能不足,仍然拘泥于恶性竞争、低利润率等固有弊端。在上述因素叠加影响下,制造业转型升级迫在眉睫。制

造业转型升级主要是指制造业产业结构调整和战略转变，具体指从生产劳动密集型的低附加值产品向生产资本密集型或技术密集型的高附加值产品转移。在数字经济背景下，传统制造业的转型升级主要体现在制造业逐步实现数字化、智能化的生产管理。随着数字技术被广泛运用在经济生活中，原有的时间、空间和产业局限被打破，大数据使经济组织结构更加扁平化。借力数字经济发展，制造业数字化转型升级的最终目标在于构建一个集信息收集、数据分析、组织决策和项目执行为一体的独特智能体系，强调数据信息化、设备智能化，以及员工、设备和管理三者之间的相容性。以此发挥我国制造业效率优势，持续增强创新灵活性。

（三）数字经济促进制造业转型升级逻辑

近年来，我国数字经济规模与制造业数字化规模及盈利水平同步增长。《中国数字经济发展和就业白皮书（2019年）》数据表明，我国数字经济规模由2015年的18.63万亿元增加到2019年的35.8万亿元，GDP占比由2015年的26.1%上升至2019年的36.2%。数据表明，我国数字经济规模正不断扩张，对经济发展的贡献度日益加大。传统制造业希望通过数字化转型提高盈利能力，其新产品销售收入可在一定程度上代表制造业利用数字经济增加营收的能力。由图1可知，我国制造业数字化盈利水平与数字经济规模增长基本同步，从2015年的14.94万亿元上升到2019年的20.92万亿元，涨幅超过40%，说明我国传统制造业能较好利用数字化潮流提升经济效益。总体而言，数字经济发展能促进传统制造业增加新产品营收，从而提高制造业盈利水平。

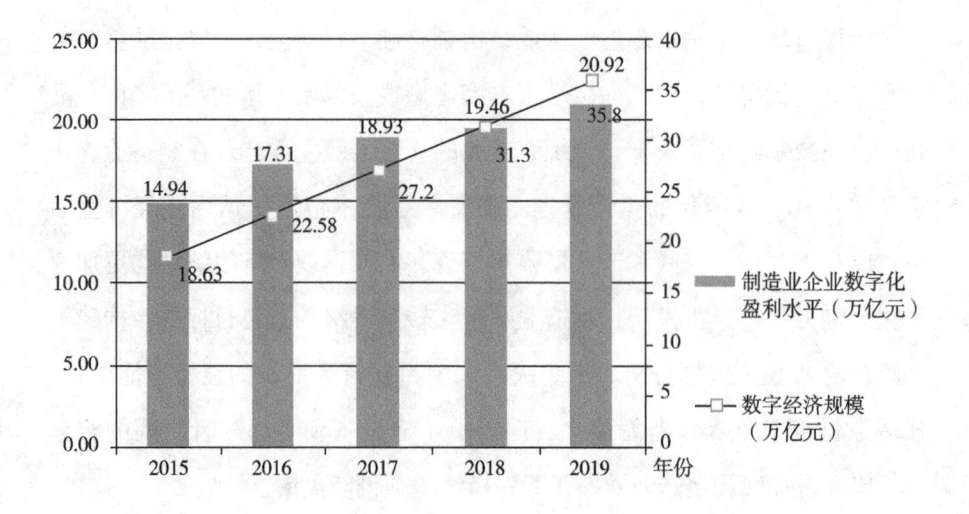

图1 我国数字经济规模与制造业企业数字化盈利水平

首先，数字经济是传统制造业企业提质增效的重要基石。数字技术能够提高企业生产效率、解决市场供需失衡、推动企业转型升级，从而促进产业链升级。一方面，制造业转型升级的动力源于数字技术作用下产业链组织分工边界拓展、交易成本降低、价值分配转移、需求变化倒逼等方面；另一方面，数字经济又从数据驱动、创新驱动、需求驱动和供给驱动四个方面促进制造业转型升级，并强调要引导制造业与互联网、新技术融合发展，从而为制造业转型提供新动能。同时，数字经济能够拓展经济适用范围，显著降低生产成本，能够最大化发挥规模经济效应。在相同数字化程度中，规模越大的企业绩效往往表现越好。此外，数字化转型还推动了制造业服务化，促进了现代制造服务业发展，对于增强制造业自主创新能力具有正向影响。

其次，数字经济是传统制造业转型升级的必要路径。数字经济能够重构行业竞争模式、重塑产业生态。传统制造业借力数字技术，促进自身研发、生产、销售和组织全业务流程的自动化，催化产品创新和服务升级，间接改变原有竞争格局，革新传统制造业生态，最终实现数字经济产业化。数字经济产业化是指传统产业链上下游通过开放生产要素方式建立合作关系，创造用户价值并实现价值传递。在共同利益目标驱动下，每个经营实体必须加强与系统内部业务协同，从而形成价值创造的范围经济。一方面，数字经济为传统制造业创新"共享经济"和"平台企业"商业模式，使得传统产业链条延展和产品附加价值增加，同时也拓宽市场边界，增强国内外市场间联动，部分实现了"完全竞争"市场效果；另一方面，数字经济可以创造全新消费模式和消费热点，依托"智能定制"和"体验式销售"实现消费场景升级，满足用户的碎片化需求，凸显"长尾效应"，提升用户价值和增强用户黏性。

最后，数字经济是现代化经济体系构架的坚定支柱。数字经济能够优化资源配置方式，进一步激发市场与政府在资源配置中的耦合效应和双轮驱动作用。在市场方面：第一，数字经济能够激活闲置资源，突破资产专用性约束，实现闲置要素共享，间接增加生产要素供给，缓解增量供给压力。第二，数字经济可以缓解信息不对称矛盾，帮助产业较为准确地把握需求规律和预测消费热点，提高生产精准度。第三，数字经济有益于连接供应链上下游经营实体，保障数据实时共享，促进业务无缝衔接，提高需求响应速度，有效融合供给需求两端，有利于满足个性化需求，提高消费者效用。然而，市场经济的固有弊端致使有着不确定性或非理性的市场行为难以被准确研判，影响资源配置效率。因此，在以市场为资源配置主体的基础上，数字经济还可以扩大政府职能边界，有助于政府更好地做出宏观规划，优化资源配置，完善市场管控职能，提高市场治理水平。数字经济发展与制造业转型升级双向影响框架如图2所示。

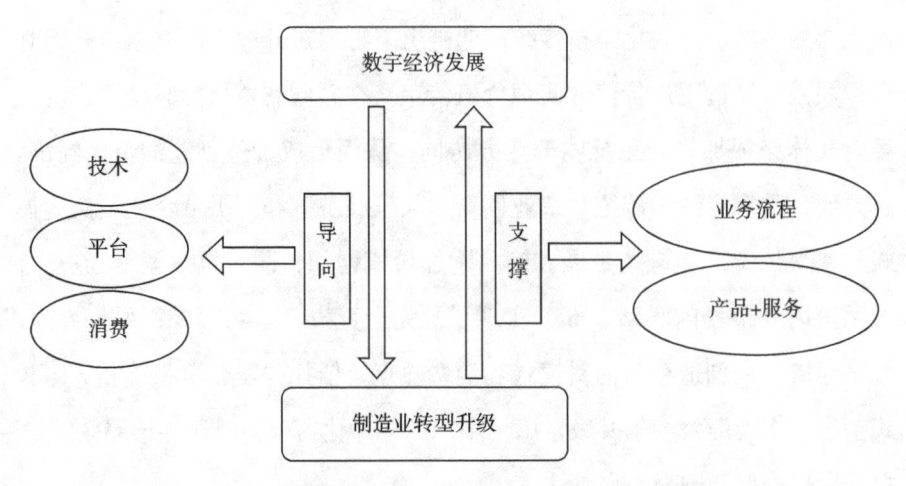

图2 数字经济发展与制造业转型升级双向影响框架

（四）数字经济促进制造业转型升级路径

制造业数字化发展，是传统制造业理念变革的战略选择，也是转型升级的必由之路。数字经济促进制造业转型升级，是指传统产业利用数字技术重塑业务、提质增效的过程，具体指依托开放共享的数据资源，精准匹配多样化产品供给和异质性用户需求，促进制造业从规模化生产向个性化定制转型，实现制造服务精准化和制造过程数字化。其靶向路径主要依赖于数字技术与传统制造业深度融合及技术创新、数据要素、精准需求和有效供给的驱动作用。

一是顺应互联网发展潮流，推进工业互联网创新进程。突出工业互联网等战略性项目，推动数据中心有序建设投用，健全工业大数据共享体制机制，推动工业互联网在制造业纵深发展，更好借力数字经济技术优势，提升制造业数字化、网络化、智能化水平，推动制造业产业链互联网化，创新定制服务商业模式，有效发挥"1+1＞2"的协同效应，保障产品生产契合需求类型，拓展制造业企业全生命周期价值空间。

二是依托数字经济，收束全产业链研发力量。紧抓数字经济发展带来的战略机遇，促进生产技术、商业模式、产业业态的创新，将数据优势与传统制造业具备的人口优势、市场优势、制度优势紧密结合，纵深推进以数字技术为依托的行动计划，推进生产智能化和产业高端化，同时推崇企业家精神和工匠精神，扶植培育新兴"独角兽"企业，积攒数字经济爆发"动力源"，实现我国数字经济在全球竞争格局中弯道超车。

三是借力数据资源，完成制造产业链上游与下游需求有效对接。加快生产要素以资本、劳动为主向技术、服务转变，加强研发设计、市场调研、物流运输、售后服务等环节衔接，加深以消费者需求为导向的制造业与服务业融合发展，逐步将生产偏重从产品本身转变为消费者需求，以此形成差异化竞争优势。

四是融合新兴数字技术，强化制造业与新技术高度融合。推动高新技术实际应用，运用数字化优势和互联网优势，变革制造业"高投入、低回报"的传统生产模式，融合制造业模块与下游服务业模块，提供个性化和精准化的产品和服务，实现制造业产业链价值赋能和最终产品价值升值。

三、提升我国传统制造业数字化水平的政策建议

（一）明确数字经济地位，深挖数据潜在价值

数据是数字经济发展的关键，良好的数据管理能力是制造业转型升级的必要条件，也是制造业转型升级的内在要求。对政府而言，必须以全局站位加强前瞻性布局，明确数字经济战略高位，维护数字经济发展环境，持续推动数字经济技术突破和数字经济创新成果产业落地。具体来说：一是坚持竞争中性原则，巩固市场主体地位，推动产业政策普惠化功能性转变，特别是引导新兴产业孵化培育，引领数字化价值链网络重塑，推动信息基础设施互联互通。二是完善法律法规制度，构建数据共建共享的创新营商生态，建立更加适应数字经济产业业态的监管治理体系。三是革新行政管理体制，探索释放产业叠加及倍增能力的突破点，追踪战略新兴产业

导致全球价值链形变以及攀升的内在机制，监测数字技术外溢效应。

对企业来说，必须对数据中的有效信息和无用噪声进行过滤处理，识别有效数据并将其转化为指导生产要素。一方面，以数据驱动赋能制造业智慧化制造。首先，将大量数据与知识转化为企业可用信息，提高制造企业利用数字技术甄别和运用能力，通过实现信息无障碍流通与有效安全管理，使数据作为一种直接要素参与企业生产。其次，依托现代信息和通信技术，实现生产、交易和管理的电子化，将数据与企业数字化转型深度融合，利用大数据和互联网将数据资源解析和整合，促使数据资源被合理运用到生产过程，解决传统制造业信息化过程中"信息孤岛"问题。再次，利用互联网带来的规模效应，帮助企业利用数据分析指导经营决策，保证企业发展所需数据的充足性与科学性。最后，以智能化为依托驱动企业发展，将数据与企业发展的战略愿景融合，变革企业发展理念，形成数字化发展蓝图，帮助识别内外部机遇，推动制造企业由要素驱动转向数据驱动。另一方面，以数据信息化助推传统制造业转型。首先，打通客户、交易、管理等各类信息与企业生产销售等各个环节，管理并利用好自身信息，为企业成功实现数字化、智能化转型提供信息支持。其次，利用大数据分析有关供应链的数据信息，搭建信息管理平台，实现信息共享、互通有无，保障企业与供应商和经销商之间的高效合作，并将相关数据整合为企业转型升级的内在动力。最后，在保证信息安全的前提下，对重要信息进行脱敏处理，降低企业内部各部门信息获取门槛，增加信息资源的流动性，建立健全企业信息获取、投入、流动和产出体系，使各类信息协同发展，为企业创新提供基础支持。

（二）加大数字转型投入，增强产业竞争能力

以技术创新驱动制造业管理升级是制造业转型的重点和难点，也是制造业实现创新发展的重要要求。制造业的技术创新离不开完善的数字基

建、强大的资金保障以及适宜的发展模式。因此，制造企业需要以智能设备支撑企业智慧化升级，以产融结合为代表的资本保障企业创新性发展，以灵活专业的生产模式增强企业的适应性与稳定性。

第一，完善基础设施建设。数字基建是数字经济发展的基座，也是提升制造业竞争力、促进制造业高质量发展的助推剂。首先，创建链接平台，使企业成为数据使用主体，通过将市场主体的经济行为数字化，推动企业价值创造过程更加智能化。其次，打造"硬件+软件"的管理模式。例如，企业可以将企业生产流水线与人工智能相融合，通过流水线自动化，实现企业生产智能化；引入先进制造流程与管理软件，实现流程由单向流动向双向即时流动转变，增强企业应对数字化冲击能力。再次，加大对数字基建的投入，深化数字基础设施对传统部门的渗透度，催生出企业新的成长模式，提高企业传统部门运作效率，为企业发展提供新动能。最后，将数字基建与企业的产业链、价值链相结合，创新培育发展模式，推动企业传统设施数字化转型。

第二，寻求产融结合资本。首先，寻求信贷市场和资本市场的双重帮助，通过增加对数字经济基础设施建设的资金投入，培育企业的创新能力，形成以技术创新为引领、以产融结合的资本为保障的发展结构，促进企业组织结构革新，实现创新驱动的引领式发展。其次，通过与金融机构建立联系，缓解企业融资困难，利用现代信息技术，增加企业融资信息透明度，为企业获得大额长期资金提供可能。最后，将外部金融活动内部化，借助企业规制的内在协调作用，压降企业融资交易费用，为实现企业数字化转型升级提供资金保障。

第三，追求专业化生产模式。首先，依靠灵活、个性、机动的生产模式，满足不同消费者的个性化定制需求，让企业可以在瞬息万变的市场中识别并抓住机会。其次，逐渐向小型化、专业化转变，逐步剥离企业结构中与数字经济发展不相容的部分，解决数字化过程中的转型惰性问题，打造极简企业，提升企业整体运作效率。最后，探索"互联网+"模式，通过改变企业盈利模式，改进企业业务流程，形成独特的"互联网+独角兽"经济、"互联网+产业链"模式，开拓利润来源渠道，增强企业再生产能力。

（三）融合数字信息技术，培育产业发展动能

数字信息技术包括数据的收集、传递、储存、加工和表达，能够加快传统制造业数字化进程，推动制造业整合内外部资源，创新产品、研发和商业模式，增强制造业盈利能力，形成制造业发展新动力。

第一，坚持产品创新。产品创新是制造业转型升级最直接的表现。首先，利用信息技术融合新兴产品与传统产业，更新生产制造工艺流程，创新传统制造企业产品制造模式，促进产品生产效率提升，提高企业获利能力。其次，将新兴科技嵌入企业的产品制造，推出适合时代发展和客户需求的新产品、新服务，生产高附加值产品，提高企业产品竞争力，实现产品智能化更新升级，延长用户持续使用时间。最后，建立产品售后跟踪流程，提升企业服务效率，以服务创新驱动企业产品创新，提升企业产品创新绩效。

第二，重视产品定制。首先，把握市场驱动导向，采用以销定产模式，生产迎合市场需求的产品，最终实现产销一体化。其次，运用物联网等数字信息技术使"即时"生产成为可能，缩短顾客等待时长，实现企业零库存目标。再次，产品定制的重点在于产品柔性化生产，依靠高柔性度的数字设备，实现多品种、小批次、高质量生产。最后，强化自身品牌效应，由产品生产制造转为产品标准制定，巩固自身市场地位，实现"提升客户满意程度，提高产品定制能力"的双重目标。

第三，创新研发模式。首先，借助数字化平台，打破企业研发与消费需求之间的隔阂，使得企业能开展"接地气"的研发活动，加快研发设计

向大众化、协同化发展。例如，可以搭建"智能定制"平台，快速响应消费者诉求，提升用户参与感和满意度。其次，完善消费者评价体系，加快企业研发速度，将消费者需求及时反馈到研发部门，降低产品市场风险，改善买卖双方不对等的博弈地位。最后，利用"共享工厂"模式，实现企业小规模研发生产，使产业链与研发链紧密结合。

第四，培育平台商业模式。首先，利用平台型企业高效率、低成本、服务面广泛等优点，将数以万计的服务商家和消费者联结一起，逐步从传统的规模化服务过渡到定制化、共享化服务。其次，借助共享经济模式，最大限度地利用社会资源，提高资源利用率和配置率。再次，依据梅特卡夫提出的"数据价值以用户数量的平方速度增长，超过某一临界点后价值呈爆发式增长"的观点，通过网络数据创造更多连接手段、扩大网络用户的数量规模，触发马太效应，提高企业平均利润。最后，将制造商、服务商和消费者连接到同一平台商，形成联动的系统优势，通过不断壮大的平台系统，促进企业间协同发展，打造制造生态圈。

（四）夯实数字经济人才，提升产业创新能力

随着人工智能技术不断发展，低技能性、重复性的工作逐渐被机器取代，制造业对于员工的需求也从高数量转变为高质量。然而，我国人力资本的特点是人口基数大、高质量的人力资本薄弱，单纯依靠"人口红利"的发展路径已不可行，制造业需要重视人才队伍建设，为数字化发展提供充足人才储备和智力支持。

第一，加大人力资本投入。高技术人才既是制造业发展的核心资源，也是制造企业核心竞争力的重要组成部分。在制造业数字化转型过程中，技术创新与员工素质不契合的矛盾尤为突出，企业内部呈现出人力资本与数字化设备不相容的失衡状态。因此，要通过产学研结合模式，把握数字经济的发展方向，培育数字经济人力资本，培养创新型复合人才，提高员工实操能力，打通技术与人才连接渠道，提升先进设备利用效率，减少"智能孤岛"和"数据烟囱"，实现技术与人力资本协同发展。

第二，吸引高技能型人才。高技能型人才在数字经济中具有关键性作用，人力资本的强弱关系到制造企业竞争力强大与否。大型企业可通过壮大自身规模，提高人才虹吸能力；中小企业可通过校企联合培养等手段，吸引数字化人才，凭借自身体制机制灵活的优势，实现"一人多用""一职多能"，逐步向数字化转型。此外，可将吸引专业人才融入企业长期发展战略，利用信息技术"打探"人才市场，根据实际需求招聘专业人才，实现人力资源充分利用。

第三，聚集制造业人力资本。首先，培养有制造业特色的人才。优化企业人才知识结构，形成良好的学习氛围，增强企业与时俱进的能力。其次，鼓励员工接受培训和在职学习，尤其是提高一线工人的数字化素养，降低智能制造阻力。再次，完善企业内部管理制度。将企业管理设计、员工培训与技术创新有效结合，降低企业管理成本，提高内部运作效率，提升自主创新能力。最后，构建"互联网+人力资源"的管理模式。将数字技术培训与员工管理数字化深度融合，营造"大众创业、万众创新"的学习氛围，在推进企业数字化转型的同时，提升员工数字化水平，最终达到"内外兼修"的效果。

（五）释放数字经济红利，激发产业供给潜力

电子商务活动所生成的海量数据构成了新时代经济发展的重要生产要素，"数字红利"成了继"人口红利""市场红利"之后的新动能。在此背景下，利用互联网、人工智能等数字技术，释放数字经济红利，对于制造业开拓产品市场、实现创新发展至关重要。

一方面，紧扣客户需求导向。首先，将信息化、数字化、智能化融入企业发展全过程，整合促进生产要素自由流动，协调匹配企业供给与用户

需求，提升企业生产过程精准程度，形成开放共享型发展模式。其次，在综合考虑消费者异质性需求和生产成本的基础上，利用获取的客户偏好信息，实现满足客户需求与提高企业价值相统一的目标。最后，利用互联网即时性、移动性和便捷性等优势，运用信息技术使原本分隔的生产者和消费者直接联系，减少信息不对称引致的资源浪费，实现供给和需求有效匹配，促进生产结构升级，释放产业供给潜力。

另一方面，坚持创新驱动发展。首先，以数字化创新和技术革新支撑企业变革，使企业从简单的技术引进转向自主创新，提高企业核心竞争力。其次，重视制造环节的数字化水平，赋能产业链数字信息技术，实现全方位智慧化转型。最后，利用数字经济原理，汲取数字技术知识，驱动企业数字化创新，实现企业集成创新与渐进创新统一，助力提升生产管理能力，提高资源利用效率，培育新的利润增长点，为企业转型升级提供新动力。

（钱艺文，黄庆华，西南大学经济管理学院；周密，重庆农村商业银行股份有限公司）

参考文献

[1] 陈端. 数字治理推进国家治理现代化［J］. 前线，2019（9）：76-79.

[2] 赵西三. 数字经济驱动中国制造转型升级研究［J］. 中州学刊，2017（12）：36-41.

[3] 汪阳洁，唐湘博，陈晓红. 新冠肺炎疫情下我国数字经济产业发展机遇及应对策略［J］. 科研管理，2020，41（6）：157-171.

[4] 丁纯，李君扬. 德国"工业4.0"：内容、动因与前景及其启示［J］. 德国研究，2014，29（4）：49-66.

[5] 潘秋晨. 全球价值链嵌入对中国装备制造业转型升级的影响研究［J］. 世界经济研究，2019（9）：78-96.

[6] 史永乐，严良. 智能制造高质量发展的"技术能力"：框架及验证：基于CPS理论与实践的二维视野［J］. 经济学家，2019（9）：83-92.

[7] 陈晓红. 数字经济时代的技术融合与应用创新趋势分析［J］. 中南大学学报（社会科学版），2018，24（5）：1-8.

[8] 杨新铭. 数字经济：传统经济深度转型的经济学逻辑［J］. 深圳大学学报（人文社会科学版），2017，34（4）：101-104.

[9] TAPSCOT D.The Digital Economy：Promise and Perilin the Age of Networked Intelligence［M］. NewYork：McGraw — Hill，1996.

[10] 戴翔，徐柳，张为付."走出去"如何影响中国制造业攀升全球价值链？［J］. 西安交通大学学报（社会科学版），2018（2）：11-20.

[11] 戚聿东，蔡呈伟. 数字化对制造业企业绩效的多重影响及其机理研究［J］. 学习与探索，2020（7）：108-119.

[12] 荆文君，孙宝文. 数字经济促进经济高质量发展：一个理论分析框架［J］. 经济学家，2019（2）：66-73.

[13] 逄健，朱欣民. 国外数字经济发展趋势与数字经济国家发展战略［J］. 科技进步与对策，2013，30（8）：124-128.

[14] 崔保国，刘金河. 论数字经济的定义与测算：兼论数字经济与数字传媒的关系［J］. 现代传播（中国传媒大学学报），2020，42（4）：120-127.

[15] 孔伟杰. 制造业企业转型升级影响因素研究：基于浙江省制造业企业大样本问卷调查的实证研究［J］. 管理世界，2012（9）：120-131.

[16] 李春发，李冬冬，周驰. 数字经济驱动制造业转型升级的作用机理：基于产业链视角的分析［J］. 商业研究，2020（2）：73-82.

[17] 任保平，豆渊博."十四五"时期新经济推进我国产业结构升级的路径与政策［J］. 经济与管理评论，2021，37（1）：10-22.

[18] 逯东,池毅.《中国制造2025》与企业转型升级研究[J].产业经济研究,2019(5):77-88.

[19] 焦勇.数字经济赋能制造业转型:从价值重塑到价值创造[J].经济学家,2020(6):87-94.

[20] 肖旭,戚聿东.产业数字化转型的价值维度与理论逻辑[J].改革,2019(8):61-70.

[21] 耿直.大数据时代统计学面临的机遇与挑战[J].统计研究,2014,31(1):5-9.

[22] 何文彬.全球价值链视域下数字经济对我国制造业升级重构效应分析[J].亚太经济,2020(3):115-130.

[23] 马永斌,闫佳.产融结合与制造业企业转型升级[J].技术经济与管理研究,2017(3):110-114.

[24] 李长江.关于数字经济内涵的初步探讨[J].电子政务,2017(9):84-92.

[25] 程立茹.互联网经济下企业价值网络创新研究[J].中国工业经济,2013(9):82-94.

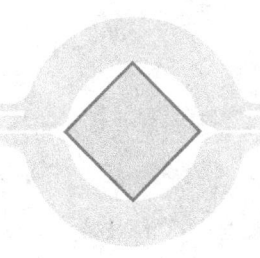

基于路径演化视角的我国科技成果转化模式变迁及对策分析

摘要：试图基于现有研究总结出科技成果转化的模式变迁，完善研究体系，提供理论指导。基于路径演化视角，系统地总结了科技成果转化各个阶段的转化模式并分析了其特征，指出三大现存问题，最终对成果转化涉及的多个主体提出了具有针对性、可行性的对策措施。研究发现：科技成果转化的模式变迁是一个动态发展的过程，演化的实质是从单一的直接转化向间接转化为主转变；科技中介尤其是虚拟平台中介为科技成果的市场化、商业化、产业化做出了巨大贡献；科技成果转化过程中，各主体只有各司其职，积极承担各自责任，才能真正实现"沉睡"技术资源的合理配置。

一、引言

科技成果转化，即将具有创新性的技术成果从科研单位转移到生产部门的过程，是先进科学技术转化为社会生产力的重要途径。自改革开放以来，技术改革有序进展，国家对科技创新的重视日益增强，出台了诸多积极政策，使科技成果转化的进程大大加快，科技成果转化的模式与路径也更加丰富和多元。在科技成果转化的不同发展阶段，形成了不同特征的转化路径，不仅为科技成果拥有者提供了差异性、多样化的转化途径选择，更为我国科技成果产业化、商业化奠定了基础。

在学术领域，诸多学者为科技成果转化模式提供了新思路，但主要集中于现状分析、效率评价和创新研究。在现状分析方面，诸多学者分析了不同视角、不同领域的科技成果转化模式。例如，曹长芳以政策为导向，分析了基于"深化产教融合"大背景下的高校科技成果转化现状；谭晓强、王宇等以产业为切入点，分别分析了林业、医学领域的科技成果转化现状及热点问题；肖国芳以新制度主义理论为研究视角与理论基础，分析了高校职务科技成果转化的现存困境。在效率评价方面，学者们分别采用不同方法对不同地区、主体的科技成果转化效率进行了评价。例如，林青宁等与孙涛均采用了 DEA 的研究方法，分别构建网络超效率 SBM 模型与效率评价模型，对我国农业企业、东北地区老工业基地的科技成果转化效率进行测算与评价；艾时钟等将熵权法与 SSB 模型结合，共同作用于陕西省科技成果转化效率的评价；黄海燕则通过对常州高校的实地调查，对目前科技成果转化的效果进行评价，研究其效率提升机制。在创新研究方面，学者们纷纷提出不同产业、视角的科技成果转化新模式。例如，要旭祥以河南省科学院与沁阳市共建科创园为例，提出以创新院地合作的新模式促进科技成果转化；何京东等提出了针对中科院的不同煤炭技术的不同转化模式，包括"一条龙"模式、"联合开发体"模式和"金三角"模式；路成刚提出了青岛理工大学技术转移的"制度、团队、资源"的新模式，来提高科技成果转化实效。此外，相关研究多采用博弈演化、政产学研体系、协同创新等视角。

综上，目前学术界对科技成果转化模式的现有研究大多是静态研究，多为现状分析、效率评价与提升对策、新模式概述等，缺少对模式变迁的动态、整体性分析。因此，针对该问题，本研究基于路径演化的视角，对我国科技成果转化的模式进行阶段性、概括性、系统性、整体性的动态分析，对不同时期的模式路径做出概括性描述并分析其演变特征，进一步从多主体角度提出了合理的科技成果转化措施，弥补了该学术研究领域的不足，为我国科技成果转化工作提供了理论参考与具有较强可实施性的对策建议。

二、科技成果转化相关政策变迁

自改革开放以来，我国科技体制改革也如火如荼地开展（见表1），"科技成果转化"成了出现频率最高的关键词，是中国科技体制改革乃至市场化改革进程中不能忽略的主题。我国科技成果转化工作大致分为四个阶段：起步发展阶段（1978—1988年）、全面深化阶段（1989—1998年）、加速发展阶段（1999—2008年）以及重点突破阶段（2009年至今）。每个阶段都有不同侧重点的相关政策、法规，为科技成果市场化、商业化、产业化转型营造了良好的法律、政策、社会环境，为高校、科研机构科技研发与创新以及企业进行科技成果生产与销售提供了有力保障。

表 1　改革开放以来科技成果转化相关政策法规[1]

年份	政策法规	相关内容
1985	《关于科学技术体制改革的决定》	"科学技术面向经济建设，经济建设依靠科学技术"；建立科技成果管理体系，大力发展技术市场，设立科技计划项目
1993	《中华人民共和国科学技术进步法》	"依靠、面向"方针上升为法律
1995	《关于加速科学技术进步的决定》	提出"科教兴国"战略
1996	《中华人民共和国促进科技成果转化法》	大力发展科技孵化器、生产力中心等科技中介机构，大力发展高新区等科技园区，实施相关专项计划
1999	《关于加强技术创新，发展高科技，实现产业化的决定》	把市场需求、社会需求和国家安全需求作为研究开发的基本出发点，强化企业的技术创新主体地位，充分发挥市场机制在配置科技资源、引导科技活动方面的基础性作用
2006	《国家中长期科学和技术发展规划纲要（2006—2020）》	提升自主创新能力，将建设国家创新体系上升为国家战略，以企业为主体，利用市场机制，推动产学研合作
2015	新修订《中华人民共和国促进科技成果转化法》	科技成果转化"三部曲"，推动科技成果使用、处置和收益权"三权下放"，用制度手段与经济激励推动技术转移转化；先后设立促进科技成果转化引导基金，促进金融对科技成果转化的支持
2016	《实施〈中华人民共和国促进科技成果转化法〉若干规定》	
2016	《促进科技成果转移转化行动方案》	
2016	《教育部科技部关于加强高等学校科技成果转移转化工作的若干意见》	推进区域创新体系建设，提高地方高校科技创新能力和人才培养质量，充分发挥地方高校科技创新作用，推动高校形成鼓励创新、促进科技成果转移转化的政策环境
2017	《国家技术转移体系建设方案》	推进技术转移示范机构建设、知识产权服务业和科技中介机构发展；加强专业化技术转移服务体系建设，构建科技成果转化服务平台
2018	《国务院关于全面加强基础科学研究的若干意见》	强化科教融合、军民融合和产学研深度融合，坚持需求牵引，促进基础研究、应用研究与产业化对接融通
2019	《科技部印发〈关于促进新型研发机构发展的指导意见〉的通知》	规定新型研发机构的发展目标之一是"促进科技成果转移转化"，新型研发机构是科技成果转化的重要载体
2020	《关于新时代加快完善社会主义市场经济体制的意见》	建立以企业为主体、市场为导向、产学研深度融合的技术创新体系，支持大中小企业和各类主体融通创新，创新促进科技成果转化的机制
2021	《关于实施专利转化专项计划助力中小企业创新发展的通知》	以更高质量的知识产权信息开放和更高水平的知识产权运营服务供给，主动对接中小企业技术需求，助力中小企业创新发展

1978—2021年，我国在科技发展、科技成果转化方面的政策呈现出三大特点。

第一，从参与主体角度，由政府控制转变为支持多元主体协同参与。在改革开放之前以及改革开放初期，我国政府拥有独立研究机构的技术和资源；而自20世纪80年代科技体制改革以来，科技成果逐渐实现了个人所有。此外，在科技成果转化不断推进的过程中，政府也愈发鼓励高校、科研院所、企业、中介机构等多主体共同参与，支持产学研一体化发展，形成科技成果转化共同体，以实现科技成果转化过程中的优势互补、相互耦合。

第二，从体制特征角度，由计划体制逐渐转向提倡市场化。计划经济制度下形成的科技体制历经有效的改革，如今已形成了一种参与主体各具特色的创新模式，科研院所、高校、企业和科技中介机构协调有序、各有千秋。在此过程中，政府多次强调发挥科技成果转化中企业的主体作用与市场的资源配置作用，并视新型研发机构以及科技中介为科技成果转化的载体，尤其强调科技中介的作用，以科技中介机构建设作为完善科技成果转化体系的突破口，促进科技成果转化的市场化、商业化、产业化转型。

第三，从主次关系角度，由支持创新逐渐转变为扶持转化、并驾齐驱。科技是第一生产力。改革开放初期，相对于西方发达国家而言，我国科技水平以及创新能力都十分落后。因此，在起步发展阶段，我国仍有大量支持高校、科研院所以及企业进行新产品、新技术研发的政策法规，旨在为现代社会生产力发展注入新的活力。随着改革的全面深化以及生产力水平的提高，科技成果增加势头迅猛，然而大量科技成果因信息不对称与市场需求无法匹配，因此，将大量"沉睡"的科技成果转化到生产实践中是科技发展的首要任务，也是政府制定政策的重要目的。政府在持续鼓励创新的同时，为科技成果转化的实现提供了大量财力、物力的支持，并且制定和颁布了大量的政策法规，为畅通技术要素流转渠道、提升科技成果转化能力提供了有力支持。

三、科技成果转化模式的演化

（一）直接转化阶段，科技人员纷纷"下海"

在起步发展阶段，由于社会经济体制与科技体制正处在转型初期，我国科技成果转化工作仅仅处于萌芽阶段，大量高校和科研院所的科研人员依然埋头于学术与科技研究。在政策的引导下，研究所的经费拨款被大大削减，逐渐形成了"以竞争性的科研项目为主导，以财政事业拨款为辅"的局面。如"火星计划""火炬计划""863计划""攀登计划"等竞争性的科技计划大量涌现。一批手握大量科技成果却无法物尽其用的科研人员率先"下海"，以个人独资或合伙的形式创立了科技公司，科技市场也由此初步形成。

最具代表性的人物是被誉为"中关村第一人"的中科院物理所陈春先研究员。他立志于在中关村建立"中国硅谷"，成立了中国历史上第一个民办科研机构，不仅为"中关村电子一条街"的诞生，更为中国科技成果转化市场的形成奠定了重要的基石。

在这段时期内，高校、科研院所将科技成果转化为生产力的意识逐渐形成，政府推拉结合，高校、科研院所的研究人员积极响应，科技成果正在通过最直接的短渠道方式为经济社会发展做出贡献。然而，在起步发展阶段，科技人员在投身创业过程中面临着诸多问题。第一，生物、化学、材料等领域的新技术研发周期长、投入大，仅凭政府的有限补贴很难支撑研发、投产实验、批量生产的全过程；第二，虽然中央政府表明鼓励科研人员下海创业，但由于时间紧迫，各地方政府、高校等配套激励政策并未完善，这也成了部分科研人员创业路途中的绊脚石；第三，处于初创阶段的民营企业通常组织结构不完善，再加上科研人员长时间从事与经营管理截然不同的研发工作，其思维模式、特性品质与成功企业家也存在明显的差异，因此，企业管理中的系统性工作也可能给科研人员带来科研任务以外的又一巨大压力，科研和创业"双肩挑"的模式十分容易让他们顾此失彼（见图1）。

图 1 科技成果直接转化的基本模式

（二）间接转化出现，科技中介成为新生力量

官办的科技成果转化"服务者"：自起步发展阶段末期至全面深化阶段以来，在相对优渥的大环境下，一批以生产力促进中心、高新技术创业服务中心（企业孵化器）、工程技术研究中心为代表的科技中介服务机构应运而生。这些科技中介扮演着"服务员"的角色，为客户技术创新提供支撑和服务。最早在1987年6月，我国第一家高新技术创业服务中心——武汉东湖新技术创业中心成立，同年9月被确定为副县级事业单位，这是我国孵化器事业的起源，是科技成果转化发展进程的重要里程碑。值得一提的是，20世纪80年代末涌现的生产力促进中心接受国家科技行政主管部门的指导，接受国家有关行政部门的资金与政策支持，是非营利性的科技服务实体，而工程技术研究中心、创业服务中心同样也是事业单位制的中介机构。20世纪90年代，我国科技体系在科技改革的推动下发生了翻天覆地的变化，促使科技成果转化渠道被拓宽。然而，这一阶段生产力促进中心等科技中介机构以官办为主，虽然得到了政府的支持，但是在同市场对接时仍存在诸多问题，再加上科技成果转化供需双方不匹配，这些实

体中介服务机构难以完全适应市场经济体制。

中介机构企业化转变,"开拓者"问世:在加速发展阶段前期,科技中介机构的性质发生了明显的改变,官办科技中介机构企业化转型的同时,科技中介咨询公司、科技情报信息服务站等民营机构也纷纷涌现。1998年前后,新一轮科技体制改革开展激烈,科研机构由事业单位开始走向市场,向企业性质转型。从1999年到2003年底,1050所应用型研究所完成转制,成为市场主体。武汉东湖新技术创业中心在持续了多年的事业单位管理模式后,2001年率先尝试企业化改制,先后成立了武汉东湖创业股份有限公司等专业化服务公司,成为国内第一家由事业单位改制为公司化运作的科技企业孵化器。国家科技评估中心也在2004年被批准成为具有独立法人资格的国家级专业化科技评估机构。而该阶段的民营中介机构扮演着"开拓者"的角色,借助市场方面的专业知识以及强大的市场开拓和人际处理能力,为客户提供咨询和交易服务,不仅弥补了高校、科研院所在市场拓展、商业经营方面的不足,还能更直接地促进科技成果的落地应用。总之,此阶段除大量政策性科技中介机构外,商业性中介机构的发展态势良好,民办机构也成为科技中介市场中的一大新兴主体(见图2)。

(三)科技成果转化市场愈加多元化、系统化,科技中介步步攀升

在加速发展的中后期以及重点突破阶段,各种体制形式、各种功能作用的科技中介共同繁荣。既有国家大力支持的政策性科技中介,又有具备现代企业制度的民营中介;既有提供服务与支撑的"服务者",又有拓宽市场、扩散成果的"开拓者";同时,技术市场、产权交易所等促进技术资源合理流动、优化配置的"协调者"也频频出现。不仅如此,虚拟的科技成果交易平台更为科技中介市场注入了新活力,数量不断增长、规模不断扩大、组织结构愈发完善、服务范围及功能愈发全面、产业化愈加凸显是它们的特征。总之,21世纪以来,新体制、新模式、新功能的科技中介

层出不穷，间接转化是科技成果转化的主导路径，直接转化也做出了部分贡献，整个科技成果转化市场朝着多元化、系统化、网络化的方向发展。

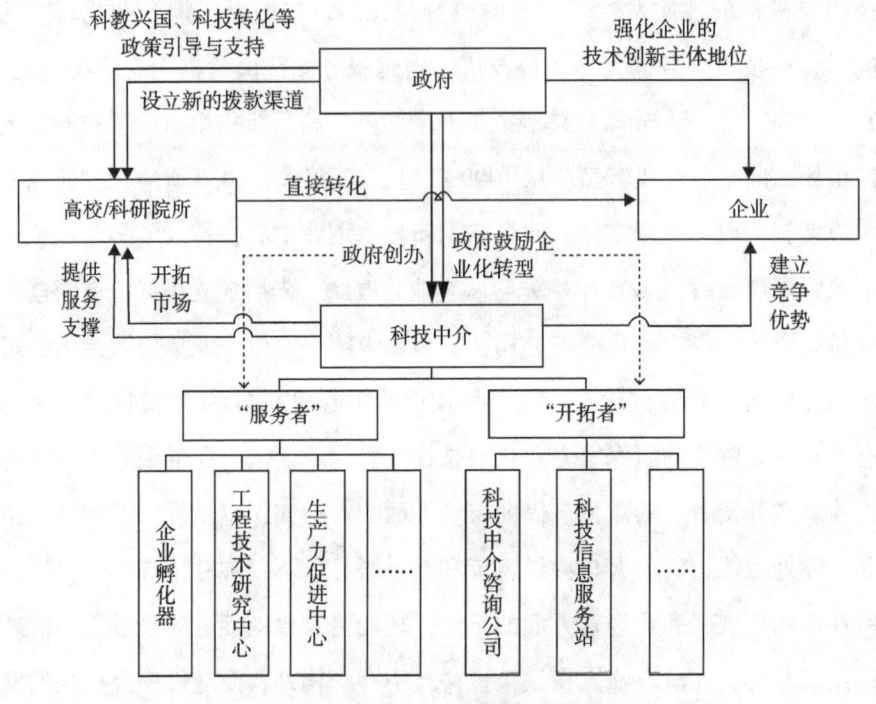

图2 以间接转化为主的成果转化基本模式

实体中介机构：2003—2007年，武汉东湖新技术创业中心将吸纳民间资本与房地产结合，对自身模式、机制的转化进行大胆尝试，成功转型成为国内首创的产权式孵化器。据国家统计局统计，截至2019年，各类科技孵化器、加速器已突破5000家，科技中介已承担起为科技成果转化搭桥牵线的重要作用。

虚拟中介平台：现阶段，实体中介服务机构已成为连接科技成果转化供给端与需求端的桥梁与纽带；但在经济发展以及科技进步的同时，"互联网+"与平台经济成为热潮，线上虚拟科技中介平台在成果转化中也逐渐彰显其网络效应、正外部性的特色优势。这些虚拟中介平台建立在实体服务机构的基础上，加之大数据、智能化、移动互联网、云计算的支持，近年来呈现出爆发式增长。例如，中索科技成果转化服务平台、国家生态环境科技成果转化综合服务平台、苏州市成果转化平台等各级政府主办的虚拟平台，以及金智创新、迈科技、贤集网、科易网等民办虚拟平台，如雨后春笋般涌现（见图3）。

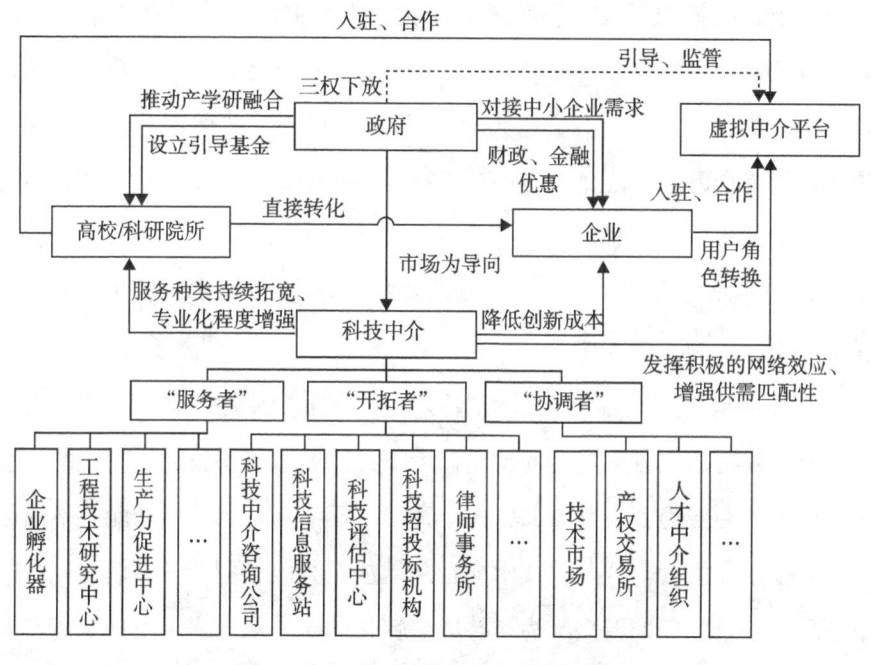

图3　多元化、系统化的成果转化模式

四、科技成果转化的新特征

（一）各主体科技成果转化意识逐渐增强

在科技改革与科技成果转化的发展过程中，各主体科技成果转化的意识越来越强烈，不同主体都渐渐承担起各自的责任，社会上科技成果转化的风气整体日益向好。

政府方面：政府在改革初期便意识到科技对生产力的重要作用，因而制定、颁布了大量支持科技成果转化的政策法规。随着科技改革进程的推进，政策也不断推陈出新、调整完善，各级政府积极响应，切实为地方高校、科研院所、企业提供科技成果转化所需的财力、物力、人力支持。

高校与科研院所：高校与科研院所的科研人员由被动转变为主动，由最初仅热衷于研发到纷纷"下海"；同时，越来越多的高校也出台了激励措施，鼓励在校教师参与科技成果转化，为推进科技成果转化举办宣讲会、博览会，在加大校内外宣传力度的同时，积极建立高校科技园区，结成高校联盟。例如，上海交通大学形成的"1+3+6"文件体系使科技成果转移转化有章可循；西北大学一直坚持"精基础、强应用、育交叉、促转化"的工作方针，积极聘请专业团队，以实现科技成果自主转让与投资，并在2017—2019年参加国内外大型成果推介展会50余次，制作大型特装展位13次。

社会视角：企业逐渐意识到增强科技竞争力的重要性，对科技成果转化愈发重视。在各种宣传的拉动作用下，民间对待科技成果转化的态度也由漠不关心变为置身其中，由此孕育出了不同规模、不同功能、不同形式的科技中介机构。这些科技中介越来越注重其服务职能，逐渐实现由简单管理到综合服务的转型，为科技成果转化的交易双方提供更加丰富、专业、精准的服务。

（二）科技成果转化模式由单一变为多元

科技成果转化市场正向着多元化、综合性、系统化持续发展，由起初的科技人员创办企业的直接转化模式渐渐向多元结合模式过渡，形成了以间接转化为主体、直接转化贡献力量的网络化转化模式。科技成果转化的模式愈加丰富，可供科研人员进行选择的成果转化路径数量增加。科技中介的产生拓宽了科技创新要素的流通转化渠道，延长并完善了科技成果转化的产业链。而科技中介服务功能的完善，不仅未使科技成果转化的成本显著增加，反而为科技成果转化提供了便利，有效降低了企业和科研机构的搜寻成本。官办的、民办的、服务类的、拓展类的、配置资源类的等不同体制和功能的科技中介贯穿成果转化的全过程与各阶段，提供了更加齐全、专业的服务，同时提供了监管服务与保障。

在 5G 技术以及网络的普及下，虚拟科技中介平台为科技成果所有者以及企业方提供了足不出户即可进行供需匹配的可能。而此类虚拟平台的运营能最大限度地解决科技市场的信息不对称问题，将供给方与需求方的信息同时登记，形成其吸引、匹配、促进机制，缓解了高校、科研院所持有科技成果却无处落实的局面。在虚拟平台上，企业与高校院所、投资机构、政府机构等利益相关方共同形成一个协作网络，达成合作关系，发挥网络效应，进而实现供需双方共同发展。因此，不论是何种体制、何种功能、何种形式的科技中介，不同的选择均构造了科技成果转化模式的多元交互网络。

（三）科技成果转化渐趋市场化、商业化

科技成果转化由政策性、公益性逐渐向市场化、商业化转型。在科技成果转化的过程中，政府不断放权，企业作为科技成果转化的重要主体，在科技成果转移到下游时，作用日益凸显。科技成果转化企业将努力建立市场型的科技成果转化人才队伍，探索职业化、专业化的科技成果转化组织模式，引导科技成果转化由事业型建设向商业化运作转型。此外，政府也多次强调要发挥市场在资源配置中的决定性作用，促使科技资源合理配置，尽可能地减少闲置科技资源，使科技成果真正为生产力发展做贡献。

五、科技成果转化的现存问题

（一）政府政策对科技中介的扶持力度有待提升

如今我国正处于科技成果转化的重点突破阶段，现阶段国家对科技成果转化工作逐步"简政放权"，科技成果转化的政策性、公益性较之前有很大程度的降低。在此背景下，国家及各地政府虽然提出支持科技中介机构发展，构建科技成果转化服务体系，但颁布的关于专项资金、退税、政策性补贴、政策性贷款、办公改善等具体的扶持政策数量少，落实效果不明显。

（二）科技成果转化的复合型专业人才较为缺失

无论在高校、科研院所还是企业内部，在职人员均长时间各司其职，拥有自己固定的科研任务、工作规划等。因此，在科技成果转化的过程中，科研人员可以提供高质量的科技成果，但对于科技成果转化的商业模式、成果定价、服务流程等缺乏相关经验；企业方作为科技成果转化的需求方，为高校、科研院所的科技成果提供了转化的机会，但由于其所拥有的信息资源有限，企业管理者与员工对专业领域的科技成果了解甚少，常常不能与符合企业需求的科技成果进行准确匹配；现存的线下实体民营中介机构多为独立的服务机构，如信息服务站、律师事务所、资产评估机构等，将科技成果转化全过程业务进行融通的服务机构少之又少，且可信度、专业化程度有待考量。由此看来，科技成果转化的各主体均缺乏成果转化的复合型、专业型人才，兼具科研专业知识、商业知识或经验、信息资源贯通能力、法律知识等的人才或机构十分稀缺。

（三）现有科技中介的平台化转型效果不佳

在市场上现有的科技中介中，实体中介仍然占据绝对地位，发挥了重要的牵线搭桥作用。然而，市场上的虚拟科技中介平台数量少，其中民营机构更加稀少，由此可见，多数实体中介在平台化转型中并不顺利，转型效果不佳，或缺乏平台化、数据化、网络化转型升级的意识。此外，虚拟科技中介平台虽然为科技成果转化提供了新的模式，一定程度上促进了科技市场的供需匹配，缓解了交易市场上信息不对称的问题，但由于其正处于发展的初级阶段，目前网络效应尚未完全发挥。

六、科技成果转化的对策建议

（一）国家层面

国家应给予科技成果转化网络平台支持，继续完善相关政策，引导科技成果转化企业化、商业化转型，促进科研机构与企业相互依赖，促进科技与经济耦合发展而非相互独立。政府有关部门应制定有效的产业政策以及相应的产业技术、产业结构政策，促使企业组织集团化，发挥整体的优势，将重要的财力、人力、物力资源集中，提高科技中介的服务能力，鼓励形成科技成果转化的产业链与社会网络，最大可能地实现整体功能大于部分功能之和的效果。政府可制定：①具体税收减免政策，如经认定的实体中介机构进行平台化转型后可执行15%（认定前25%）的优惠税率，鼓励实体中介转型升级；②办公改善政策，如主动为民营中介机构扩大规模提供办公用地、智能设备，促进其平台化转型；③品牌提升政策，如给予具备一定规模与交易量的科技中介机构"国"字招牌的企业荣誉，促进其在"互联网+"、电子商务时代异地成交、线上成交等。各级政府还要因地制宜，针对不同主体以及不同地区的具体情况对科技成果转化给予有效的政策支持。要充分发挥我国技术市场优势和内需潜力，加快构建国内科技成果转化市场供需双方的内循环圈，尽快实现科技赋能打通技术要素内循环。

（二）高校与科研院所层面

各地高校与科研院所应顺应总体发展趋势，积极参与全社会的科技成果转化工作，不应仅仅以招生、就业、报奖为主要目的，要积极建立属于自己的科技成果转化机构，发展机构的服务属性，最重要的是培养校内科技成果转化的复合型人才。首先，高校应将内部的科技研发人员、科技管理人员、图书馆馆长、法律系教授等相关人员聚集，通过开办讲座、组织培训等形式，加强培养专业型、复合型人才，提高高校科研人员、科技管理人员对市场需求的敏感度，关注技术市场中企业的需求，建立并学习使用资源共享数据库，了解相关法务知识等，为高校科技成果转化落地贡献力量。其次，高校及科研院所应制定合理的措施，降低科技成果转化给高校教师和科研人员带来的风险与损失，同时高校应制定公平合理的科技成果转化收益的分配机制，使高校教师和科研人员安心地、主动地投身到科技成果转化中去。最后，高校与科研院所应积极与科技中介进行合作，形成产学研一体化的科技成果转化服务体系，实现互利共赢。

（三）科技中介机构层面

科技中介机构与服务机构贯穿技术市场化的全过程，是科技与经济相结合的切入点，是科技成果进入市场的重要渠道。此外，科技中介作为科技成果转化产业链的一环，起到承上启下的重要作用。首先，中介机构以及服务机构应具有基本的道德意识，承担必要的社会责任，不应因牟取私利做出包括发布虚假信息、哄抬市场价格形成恶意竞争、暴力牟取差价等危害交易双方合法权益的违法违规行为。

其次，中介机构应把握平台经济的发展机遇，积极借助现有实体机构的资源，设立线上虚拟网络平台，完善平台设计或运行机制，实现平台"吸引、促进、匹配"的三大核心功能。例如，中介机构通过设计核心算法，利用搜索引擎、交易记录等工具，分析企业方的需求偏好，为其智能推荐信息库内的科研成果，以此保持顾客黏性，形成用户反馈回路以实现吸引功能；通过提供创造性工具促进资源共享，让高校、企业间更加方便地交换科技成果与服务；通过合理做出关于用户参与的决策，适度对科技成果的持有者进行开放，一定程度上赋予其将内容自由添加到平台上的权力；通过对静态信息与动态信息的收集，最大限度地实现精准匹配，这要求平台设计过程中要尽可能详尽地完善科技成果持有者与需求方双方的信息，这一点在用户注册时就应该有所体现；通过发展平台服务型模式，充分利用平台的网络效应及其带来的正外部性，实现社会闲置科技资源的优化配置，促进科技成果转化为社会经济效益，努力实现科技成果转化的凸性增长。

最后，中介机构要加强对人才的培养，形成一支既拥有专业技术知识又具备良好商业思维的科技成果转化经理人队伍；注重理论知识与实践经验相结合，拓宽经理人在理工科领域的知识面，增强其广泛猎取和筛选科技信息的能力、对技术项目进行正确评价和论证的能力以及对潜在市场进行调研预测的能力。

（四）企业层面

企业应尽快承担科技成果转化主体的重任。首先，企业应该树立主体意识，提高科技创新的敏感度，传统企业应紧跟时代发展的潮流，巧用大数据、云计算、互联网等现代科学技术，尽快进行科技化转型，利用科学技术提高自身的科技创新能力与市场竞争力，实现内涵式扩大再生产，提高企业集约化水平。其次，企业应处理好内部组织研发部门与科技中介的关系，可根据实际情况设置企业内部与科技中介机构的对接小组，培养专人负责商业洽谈与合作业务，鼓励其积极关注科技供应市场，利用科技成果转化平台征寻科技成果的合作者。最后，在条件允许的情况下，企业应尽可能多地承担政府组织实施的科技研究开发和科技成果转化项目，与高校、科研院所等合作，联合助力科技成果转化，为高校、科研院所的科技成果提供试产、测验的设备以及场地等条件。

  我国科技成果转化工作在不同的发展阶段受到不同的政策支持，在特定的社会背景下科技成果转化的模式也各具特色。科技成果转化的模式变迁是一个动态发展的过程，在此过程中，各种体制形式、不同功能的科技中介和服务机构的诞生与发展发挥了巨大的推进作用。随着社会的进步，虚拟平台中介得到迅速发展，科技中介平台化与成果转化市场化、产业化、商业化已成为大势所趋。我国科技成果转化的演化过程整体呈现出三大特点，同时也具有三大现存问题。在此基础上，本文针对科技成果转化的不同主体，提出了相应的对策建议。各主体应各司其职，真正"活化"社会闲置科技资源，最大限度地消除技术市场信息不对称、供需不匹配的问题，为经济社会发展做出贡献。本研究对促进我国科技成果转移转化具有一定的理论指导，然而，对于多元、新型、系统的科技成果转化模式中多市场主体如何协调合作，虚拟科技平台如何科学组织与设计形成长效机制，科技成果转化相关领域科技人才如何培养等问题仍须进一步的探讨与研究。

（邢战雷，吴月佳，孙艳蕾，陕西科技大学经济与管理学院）

参考文献

[1] 曹长芳,高涛.产教融合视角下高校科技成果转化现状、问题及对策[J].长春师范大学学报,2021,40(3):161-164.

[2] 谭晓强,王玉亮.林业科技成果转化现状及策略研究[J].农家参谋,2021(5):151-152.

[3] 王宇,张建,张彩云,等.我国医学科技成果转化研究现状与热点分析[J].江苏卫生事业管理,2021,32(1):118-122.

[4] 肖国芳,彭术连.新制度主义视角下高校职务科技成果转化的困境与路向研究[J].科学管理研究,2020,38(5):65-70,82.

[5] 林青宁,孙立新,毛世平.中国农业企业科技成果转化效率测算与分析:基于网络超效率SBM模型[J].科技管理研究,2020,40(8):52-58.

[6] 孙涛.我国老工业基地科技成果转化效率评价研究:以东北地区为例[J].中国软科学,2020(1):164-170.

[7] 艾时钟,陈正道,王慧雪纯.科技成果转化效果研究:基于熵权法和SSB模型[J].技术经济,2021,40(3):1-10.

[8] 黄海燕.产教融合背景下高校科技成果转化效率提升机制研究:基于江苏常州地区高校的调查分析[J].中国高校科技,2020(12):68-71.

[9] 耍旭祥.创新院地合作新模式:河南省科学院与沁阳市共建科创园纪实[J].中国石油和化工,2020(7):55-56.

[10] 何京东,彭子龙,王春,等.探索科技成果转化新模式:以中国科学院典型煤炭技术产业化为例[J].中国科学院院刊,2019,34(10):1136-1142.

[11] 路成刚.创新驱动发展战略下技术转移新模式:以青岛理工大学技术转移工作为例[J].中国高校科技,2017(S2):97-98.

[12] 梁正.中国科技成果转化政策40年回顾与反思[N].学习时报,2019-10-30(006).

[13] 张顺,陈海鹏,张云化,等.科技成果转化共同体的构建模式研究[J].中国高校科技,2020(3):4-7.

[14] 卫汉青.春之先:记"中关村第一人"陈春先[J].中关村,2015(12):104-106.

[15] 杨宗军.浅谈科技人员创业的几个难点[N].中国科学报,2019-07-04(006).

[16] 薛澜.中国科技创新政策40年的回顾与反思[J].科学学研究,2018,36(12):2113-2115,2121.

[17] 高丽娜,高淑洁.科技中介机构的科技成果转化功能探讨[J].改革与战略,

2012，28（5）：176-178.

[18] 程燕林，李晓轩.科技成果转化的新理念：网络模型［J］.科技管理研究，2020，40（21）：197-201.

[19] 陈套，冯锋.中国科学院成果转化与技术转移机构运作模式研究［J］.科学管理研究，2014，32（4）：44-47.

[20] 侯俊平.关于科技与经济结合问题的思考［J］.山东经济战略研究，1997（5）：61-62.

[21] 秦洁，王亚.科技中介机构在科技成果转化中的定位［J］.中国高校科技，2015（4）：13-16.

[22] 詹媛.科技成果转移转化的三个痛点［N］.光明日报，2020-12-31（016）.

创新投资对企业高质量发展的影响研究

摘要：当前高质量发展成为我国经济发展的特征，创新是带动发展的重要路径，我们必须时时注重创新，以创新来推进我国经济高质量发展的进程。要提高我国经济发展质量必须着眼于企业高质量发展。本文通过实证研究的方法，以2016—2019年的创业板上市公司财务数据为样本，探究创新投资与企业高质量发展的关系。研究认为，创新投资可以有效促进企业高质量发展，产权或地区差异对本研究的调节作用会使促进程度产生差异，民营企业或者位于我国东部地区的企业创新投资效果更好。本文研究结论表明，创新投资是我国中小型企业实现高质量发展的重要路径，我国创业板上市公司应该多进行创业投资，以便提升自身的核心竞争力。政府也要大力支持企业创新投资，以实现我国经济高质量发展的大目标。

一、引言

随着时代的发展，创新对企业来说起着至关重要的作用。现如今，我国经济已进入新常态，经济发展也朝着高质量发展方向进行。要全面发展创新，并坚定它在发展中的核心位置，以创新来引领我国经济的高质量发展。至此，创新投资和高质量发展成为越来越热门的话题。创新投资是指企业对创新型项目进行持续开发投资的行为，通过改进原有工艺、降低产品成本来提高利润率，通过提升产品品质、增加功能或者开发新产品来扩大消费市场。经济高质量发展是指商品和服务质量普遍持续提高，投入产出效率和经济效益不断提升，创新成为第一动力。我国要实现经济高质量发展的微观体现是企业高质量发展，而拥有核心技术是一个企业经营发展的基础，是实现高质量发展的根本保障。创新投资对企业获取和维持竞争优势至关重要，使企业在竞争越来越激烈的市场环境下保持长久不败。我国民营中小企业高质量发展所面临的现实困境之一就是缺乏科技创新实力。技术创新水平高的企业能够显著提高销售收入，并能够增强企业的盈利水平。所以，企业如果想要实现高质量发展，必须要通过创新投资来实现技术的进步。

因此，创新投资作为企业增强能力和提升发展质量的重要方法是值得我们探究的。在国家支持和现实所需的前提下，创业板上市公司发挥高创新性的优势，实现了快速的发展。我国创业板上市公司多为中小企业或高新技术企业，研发强度较高，适合作为研究创新投资对企业高质量发展影响的样本。

基于以上分析，本文先用理论阐述了创新投资对企业高质量发展的影响，接着利用实证研究的方法，对两者之间的关系进行研究。本研究可以丰富我国关于创新投资与企业高质量发展的理论，帮助企业少走弯路，为企业开展创新投资提供指导，使企业得以维持自身的竞争优势。

本文研究内容包括：一、浏览并总结前人的研究；二、分析创新投资与企业高质量发展关系的作用机制，并根据理论提出本文的研究假设；三、实证研究设计；四、实证得到的结果分析；五、研究结论和建议。

二、文献综述

近年来，由于经济发展阶段的转变，发展质量对于企业来说越来越重要，但却鲜有文章研究创新投资和企业高质量发展的关系，本文将根据现在已有的国内外研究结论，进行创新投资对企业高质量发展影响的研究。

目前，多数文献还是侧重于通过分析企业绩效来反映企业的发展质量，且大部分学者认为创新投资与企业高质量发展之间呈现正相关性。国外学者关于创新投资的研究相较于我国更早，Ciftci M 和 Cready W M 在研究中表明，企业研发投入和专利产出的增加会提升企业未来的经营业绩。Brian P Cozzarin、Sut Sakchutchawan 认为技术创新能力越强，企业绩效越好。学者唐文秀等、杜勇等、海本禄等、葛骏和朱和平通过对研发投入与企业绩效的研究，认为研发投入可以显著提高企业绩效。还有学者通过对民营经济和绿色发展的研究得到了和上述观点一致的结论。杜相宏和周咏梅在对民营经济高质量发展的研究中表示，高度的研发投入对民营企业的高质量发展有重要的促进作用。田晖和宋清研究认为，创新驱动对智慧城市经济绿色发展具有促进作用。创新投资可以通过研发投入带来新的技术、开发新的产品以及开拓新的市场，从而增加企业收入，或者减少产品成本的投入以提高利润率，达到提高企业绩效的目的。

和以上观点不同的是，少部分学者认为两者呈负相关性。Galai 和 Masulis 早在 1976 年的研究中就认为，研发投入会负面影响企业的生产经营。张俭和张玲红、陈建丽等在对企业研发活动与企业绩效之间关系的研究中均表明，研发强度对当期企业绩效有显著负向影响。由于创新投资周期长、成本高、容易模仿的特点，使得企业创新投资面临着极高的风险，因而认为创新投资会对企业绩效起到抑制作用。

除了确定的正负线性关系外，还有学者认为两者呈非线性相关。创新投资与企业绩效的关系为显著的"倒 U 形"关系，即适度的研发投入强度能起到促进作用，而过高的强度则会起到抑制作用。韩先锋和董明放、张波涛等在研究中都证实了"倒 U 形"的观点。学者 Bou-Wen Lin 等认为技术创新对提升企业绩效没有实质性影响。由于创新投资带来效益的不确定性，不同程度的创新投资可能会产生不同的影响，因此，认为两者并不是线性关系。

通过总结梳理，本文得出如下结论：相关学者对"创新投资对企业高质量发展的影响"这一研究结果存在争议，并且可以认为创新投资与企业高质量发展之间的关系可能存在正相关性、负相关性以及非线性相关。导致这种结果的原因可能有：学者所选取的研究样本不一样，不同产业性质、所属不同的地区作为样本得出的结果有差别；选用的方法和模型不同；创新投资测度的差异；创新投资是一项长期的、具有不确定性的投资，研究是一个动态的过程。

总结学者关于本文论点的实证研究得到：大多数学者采用销售额、现金流和税后利润等财务绩效指标作为被解释变量，但财务绩效不能准确地反映我国企业的发展质量，以及解释变量的选择也非常重要。大部分研究中选取的研究对象是整个 A 股上市公司，结果对细分到某一种类公司的指导性有限。

因此，本文综合考虑后，用创业板上市公司为样本。首先，选取经济增加值与主营业务收入的比例——销售经济增加值回报率作为衡量企业高质量发展的指标,并选用另外五个指标对销售经济增加值回报率进行辅助验证。其次,将研发投入与年初总资产的比率作为创新投资的测量标准。最后,用理论和实证结合的方法进行回归分析来探究创新投资对企业高质量发展的影响,并研究企业所属的产权和地区对创新投资与企业高质量发展关系的调节效应。

三、理论分析与实证研究假设

(一)创新投资影响企业高质量发展的机理分析

国内外学者有关创新投资的研究很久之前就开始了,但对创新投资和企业高质量发展关系还存在很多分歧。

技术创新不单是一项简单的技术或者发明,而是一个不断运行的机制。只有能使原有生产制度发生明显改变并且是在生产实践中的发明和发现,才叫作创新。创新投资的结果可能会促使企业转型升级且带来利润的增加,从而改善企业发展质量,但也可能因为创新投资需要注入大量资金、循环期很长以及带来回报的不确定性等特点使企业发展质量下降。本文的研究样本创业板上市公司大多是规模较小的企业,其财务能力和风险承担能力都比较有限,所以此种类型的中小企业进行创业投资时会考虑得较多。因此,本文就创新投资与企业高质量发展之间的影响机制进行理论分析。

创新投资对企业高质量发展可能有促进作用。企业资源基础理论建立了一种基于企业异质性资源的竞争优势内生理论,把对企业竞争优势来源的研究视角从外部产业环境转到内部资源。技术创新这一异质性资源作为提高企业市场竞争力的内生性因素,关乎企业是否能实现高质量发展。陈旭升和李云峰在对制造业的研究中发现,技术创新动态能力与创新引领高质量发展变量间具有正向响应。宋在科等认为创新投资可以十分显著地促进企业绩效的增加，两者具有正相关性，即使区分产权这种正相关关系仍然成立。

经济发展理论和核心竞争力理论均表明，创新是企业增加核心竞争力不可缺少的因素。企业创新投资可以提升企业创新能力，利用核心技术进行新产品的开发或者是原产品的换代升级，相较于同行业的产品而言达到产品差异化优势，进行创新投资后的企业产品具有的新功能和对原有功能的改善可以使原有市场占有率进一步增加，甚至获得垄断优势，进而提升企业经营利润，提升企业发展质量。技术创新还可以给企业创造新的生产工艺，新生产工艺的使用可以使企业劳动资本减少以及经营产品生产成本降低，也可以使企业利润增加。这样的改变可以为企业带来高额的利润，进而提高企业的盈利和周转能力，达到提高企业价值、促进企业高质量发展的效果，也就是将技术优势转化为经济优势。

企业也可以通过创新投资实现绿色发展，这对于我国企业提高发展质量，实现绿色发展是一项十分必要的工作。《中共中央关于制定国民经济和社会发展第十四个五年规划和二〇三五年远景目标的建议》指出，"推动绿色发展，促进人与自然和谐共生""坚定不移贯彻创新、协调、绿色、开放、共享的新发展理念"。科技创新是绿色发展的根本动力和重要支撑。通过创新实现绿色发展，可以减轻企业在发展过程中面临的资源和环境压力，增强企业在国际市场中的竞争力，促使企业实现可持续发展。

当然，创新投资对企业高质量发展起到抑制作用的可能性并非不存在。陈丽姗和傅元海研究得出，技术创新显著抑制当期企业发展质量的提高，对企业发展质量有时滞作用。蒋卫平和刘黛蒂认为创新投资会抑制企业当期绩效。在投资过程中企业内部构成、外部市场环境和消费者需求的转变都会给创新投资带来巨大的风险，也会受到委托代理理论的影响，而且最终的创新投资成果也未必是理想的成果。创新投资还具有机会成本，如果带来的收益小于机会成本，即使账上利润增加，企业的发展质量也是下降的。

这两种截然不同的结果对企业进行创新投资有很大的阻碍，尤其是规模较小的创业板上市公司。规模较小的企业需要考虑的因素更多，因为它不像大型企业那样可以承受创新失败所带来的损失。本文认为，在当今竞争越来越激烈的市场环境下，企业要想提高自身的核心竞争力，势必要实施差异化战略，且差异化战略实施的最重要途径就是进行技术创新，增加企业创新产出。因此，本文提出如下假设。

假设1：创新投资可以有效促进企业高质量发展。

（二）创新投资影响企业高质量发展的调节效应

1.产权差异的调节效应

根据产权所属，我国上市企业分为国有和非国有企业（也称民营企业）。纪明明和邓伟认为，国有企业在土地使用、信贷资源、优惠政策等方面都比民营企业具有优势。但在创业板上市公司中，绝大部分企业都是非国有企业，而且中小企业和高新技术企业比较多，基本都是依靠技术创新来发展的企业，现在国家对创新的大力支持使这些企业拥有更多的发展机会。虽然都拥有国家的大力支持，但国有企业与这些民营企业最大的不同之处是控制权不同。国有企业在发展的时候不仅注重经济效益，同时还要承担相应的社会职能，不能单纯地考虑创新投资给企业带来的利益，还需要更多考虑社会影响。民营企业则在创新投资时只需要注重开发新技术为企业带来的收益。

因此，产权差异对创新投资与企业高质量发展关系的调节作用，使得创新投资影响企业高质量发展的程度产生了差异。基于民营企业灵活性、可控性以及活跃性的特性，创业板中的民营企业更符合当前的创新投资，本文提出如下假设。

假设2：相对国有企业而言，民营企业中的创新投资能更明显地促进企业高质量发展。

2. 地区分布的调节效应

创业板上市公司可能会因所处地区不同,导致创新投资对企业高质量发展的影响有一定的差别。这是因为各个地区之间的自然条件与资源状况不同,分布在各地的企业创新能力与发展水平也大不相同。东部地区具有地理上的优势,上市公司大部分在东部地区,是我国经济发展中的领头羊;中部地区起到连接东西的作用,是我国重要的粮食产地,着重发展农业,而且具有全国最大的煤炭资源;西部地区地形复杂,但面积较大,矿产丰富,相对其他两地区具有能源优势。另外,地区制度质量不仅显著影响企业研发投入行为,而且还通过创新产出影响企业绩效。

基于此,本文提出如下假设。

假设3:东部、中部和西部的创新投资对企业高质量发展的影响程度不同。

四、实证研究设计

(一)样本选取和数据来源

选取2016—2019年创业板上市公司的财务数据,然后按照下列3个要求对原始数据进行整理:①删除ST和*ST类的公司;②去除金融类的公司;③剔除数据不完整的公司。最终得到726家创业板上市公司2016—2019年共2512个样本数据。本研究所用的数据主要来自国泰安数据库、CCER数据库和第一财经商业数据中心,部分数据通过手工收集得到。

(二)变量界定

1. 企业高质量发展测度

需要表明的是,之前学者主要集中讨论了创新投资对企业绩效的影响，大多数学者选择以销售额、税后利润和资产收益率等作为研究的财务指标。这些指标虽然可以从一定层面上反映企业的发展质量，但却没有考虑企业的股权资本成本以及债务资本成本。一个企业账面利润是正数并不一定是真正的盈利，只有在扣除了债务资本和股本资本成本后，企业的现金流仍大于机会成本，才能表示企业发展质量的改善。因此，传统的财务绩效指标反映的企业发展质量结果和实际情况是有差别的。

经济增加值（EVA）是根据经济利润提出的，是扣除了获取资本全部的代价之后的剩余，特别是扣除了机会成本，符合经济利润思想。经济增加值为正时，才达到了股东的目的，也正是反映企业发展质量有所提高。

以上论述表明，经济增加值这一指标符合作为测量企业发展质量的指标，因此，本文选用销售经济增加值回报率（EVAR1）作为被解释变量来衡量企业发展质量，且选用总资产经济增加值率（EVAR2）、经济增加值率（EVAR3）、总资产周转率（TAT）、流动比率（CR）及每股收益（EPS）来从别的方向验证创新投资对企业其他能力的影响，以验证EVAR1作为被解释变量回归分析的结果。

2. 创新投资测度

本文将创新投资作为唯一的解释变量，由于创新投资本身具有周期长、成本高和风险高的特点，因此，不能直接选用企业的研发投入值作为衡量创新投资的指标，故经过对前人文献的研究，本文选用"研发投入/年初总资产"作为创新投资的测度指标，用RD表示。

3. 其他变量

考虑到企业其他因素可能对本研究产生影响，本文加入四个控制变量来进行控制。产权性质（Soe）和地区（Area）作为调节变量来研究产权和地区效应对创新投资与企业高质量发展关系的影响。变量汇总如表1所示。

表 1 变量汇总表

变量类型	变量名称	符号	变量定义
被解释变量	销售经济增加值回报率	EVAR1	企业经济增加值/主营业务收入
	总资产经济增加值率	EVAR2	EVA/平均总资产
	经济增加值率	EVAR3	EVA/总投资额
	总资产周转率	TAT	主营业务收入/资产总额
	流动比率	CR	流动资产/流动负债
	每股收益	EPS	净利润/总股数
解释变量	创新投资	RD	研发投入/年初总资产
控制变量	企业规模	Size	企业总资产的自然对数
	资产负债率	Lev	负债总额/资产总额
	企业成长性	Growth	总资产增长率
	股权集中度	Crl	前十大股东持股比例之和
调节变量	产权性质	Soe	国有企业取值为1，民营企业取值为2
	地区	Area	东部、中部、西部

（三）模型设计

本文选择研究验证当期创新投资对企业高质量发展的影响，选用多元回归分析的方法，从不同角度对企业高质量发展进行测度，因而建立的六个模型如下。

$$EVAR1 = \alpha_0 + \alpha_1 RD + \alpha_2 Size + \alpha_3 Lev + \alpha_4 Growth + \alpha_5 Crl + \varepsilon \quad (1)$$

$$EVAR2 = \alpha_0 + \alpha_1 RD + \alpha_2 Size + \alpha_3 Lev + \alpha_4 Growth + \alpha_5 Crl + \varepsilon \quad (2)$$

$$EVAR3 = \alpha_0 + \alpha_1 RD + \alpha_2 Size + \alpha_3 Lev + \alpha_4 Growth + \alpha_5 Crl + \varepsilon \quad (3)$$

$$TAT = \alpha_0 + \alpha_1 RD + \alpha_2 Size + \alpha_3 Lev + \alpha_4 Growth + \alpha_5 Crl + \varepsilon \quad (4)$$

$$CR = \alpha_0 + \alpha_1 RD + \alpha_2 Size + \alpha_3 Lev + \alpha_4 Growth + \alpha_5 Crl + \varepsilon \quad (5)$$

$$EPS = \alpha_0 + \alpha_1 RD + \alpha_2 Size + \alpha_3 Lev + \alpha_4 Growth + \alpha_5 Crl + \varepsilon \quad (6)$$

上述模型中，α_0表示常数项，α_1、α_2、α_3、α_4、α_5是有关指标回归分析的系数，ε是随机扰动项。当各个模型中的α_1值大于0时，证明创新投资可以促进企业高质量发展，即使从不同角度衡量企业高质量发展，这种促进作用仍然成立。

五、实证结果和分析

（一）描述性统计

通过表2的描述性统计结果可以得出，各样本公司创新投资（RD）指标——研发投入占企业年初总资产比例最大值为15.7%，最小值为0.3%，表明不同的创业板上市公司对于创新投资的态度有很大不同，公司RD平均值在3.7%，处在一个较低的水平，表明创业板中大部分企业应加大创新投入力度。衡量企业发展质量的指标也相差较大。样本中企业规模（Size）的标准差是0.825，表示我国创业板上市企业之间规模大小差别不算明显。资产负债率（Lev）均值为0.332，处在比较低的水平，不是特别合理，资产负债率较低的企业可以适度举债。企业成长性（Growth）最大值与最小值之间的差值为2.574，不同企业之间成长性差别非常大。股权集中度（Crl）最大值为0.796，权利过于集中；最小值为0.264，股权集中度较低，过于涣散，也不太合理。

表2 描述性统计

变量	样本数	平均值	标准差	最小值	最大值
EVAR1	2152	−0.026	0.279	−1.814	0.346
EVAR2	2152	0.006	0.082	−0.432	0.188
EVAR3	2152	0.007	0.11	−0.595	0.241
TAT	2152	0.483	0.246	0.098	1.453
CR	2152	3.145	2.861	0.668	17.004
EPS	2152	0.314	0.513	−1.962	1.93
RD	2152	0.037	0.028	0.003	0.157
Size	2152	21.495	0.825	19.966	23.656
Lev	2152	0.332	0.169	0.051	0.762

续表

变量	样本数	平均值	标准差	最小值	最大值
Growth	2152	0.235	0.392	−0.372	2.202
Crl	2152	0.586	0.12	0.264	0.796

（二）相关性分析

由表 3 可知，所设变量之间的整体相关性较高。创新投资（RD）与股权集中度（Crl）相关性非常低，但其余变量之间的关系均呈现显著相关关系。其中，创新投资与企业规模（Size）之间显著负相关，系数为 −0.156；与资产负债率（Lev）也是显著负相关，系数为 −0.115；与企业成长性（Growth）显著正相关，系数为 0.227。企业规模与资产负债率呈显著正相关，系数为 0.414；与企业成长性呈显著正相关，系数为 0.173；与股权集中度呈显著负相关，系数为 −0.255。资产负债率与企业成长性呈显著正相关，系数为 0.085；与股权集中度呈显著负相关，系数为 −0.107。企业成长性与股权集中度呈显著正相关，系数为 0.146。综上分析，各变量两两之间有较强的关联性，但当相关系数大于 0.7 时，需要考虑多重共线性的问题。表 3 中各系数均未超过 0.5，所以本实证分析多重共线性按照理论来说是不存在的，可以判定本文模型设定是合理的。

表 3 各变量相关性分析表

	RD	Size	Lev	Growth	Crl
RD	1.000				
Size	−0.156***	1.000			
Lev	−0.115***	0.414***	1.000		
Growth	0.227***	0.173***	0.085***	1.000	
Crl	0.090	−0.255***	−0.107***	0.146***	1.000

注：***、**、* 分别表示在 1%、5%、10% 水平上显著。

(三) 多元回归分析

本文将针对创新投资对企业高质量发展的影响进行全样本、分产权以及分地区三个层面的分析。为了避免极端值对回归结果的影响，本文对数据进行了1%的去尾处理。全样本分析中还将使用另外五个指标来验证创新投资对企业高质量发展的影响，产权和地区差异对两者关系产生的调节效应分析中将使用模型（1）来进行研究。

1. 全样本回归分析

根据表4的回归分析结果得出如下结论。

表4 全样本创新投资对企业高质量发展的影响回归分析

	模型（1）	模型（2）	模型（3）	模型（4）	模型（5）	模型（6）
RD	1.279***	0.515***	0.702***	2.197***	−1.239	2.946***
	（5.46）	（7.49）	（7.55）	（11.44）	（−0.62）	（6.45）
$Size$	0.061***	0.020***	0.028***	−0.025***	−0.265***	0.173***
	（6.93）	（7.80）	（7.96）	（−3.46）	（−3.51）	（10.05）
Lev	−0.463***	−0.150***	−0.197***	0.159***	−10.012***	−0.907***
	（−11.61）	（−12.81）	（−12.52）	（5.31）	（−30.88）	（−11.81）
$Growth$	0.137***	0.045***	0.061***	−0.094***	−0.076	0.252***
	（9.53）	（11.38）	（11.53）	（−13.48）	（−0.90）	（10.63）
Crl	0.491***	0.152***	0.208***	0.024	0.629	1.293***
	（8.89）	（9.26）	（9.41）	（0.50）	（1.27）	（11.75）
常数项	−1.543***	−0.496***	−0.687***	0.907***	11.860***	−4.018***
	（−7.91）	（−8.61）	（−8.82）	（5.58）	（7.04）	（−10.47）
N	2152	2152	2152	2152	2152	2152
Overall R^2	0.179	0.225	0.226	0.076	0.469	0.220

注：***、**、* 分别表示在1%、5%、10%水平上显著；（ ）为t值。

在模型（1）中，创新投资（RD）对企业高质量发展的主要测度指标——销售经济增加值回报率（$EVAR1$）的影响在1%水平上显著为正，回归系数为1.279。表明创新投资可以有效地提高企业的发展质量，意味着创新投资带来的新技术确实使企业实现了产业升级，提高了竞争力和影响力，最终得以实现高质量发展。

在模型（2）~（6）中，创新投资（RD）对总资产经济增加值率（$EVAR2$）、经济增加值率（$EVAR3$）、总资产周转率（TAT）及每股收益（EPS）不同角度测度的企业发展质量都在1%水平上显著正向影响，回归系数分别为0.515、0.702、2.197、2.946。这和模型（1）的回归结果完全一致，企业通过创新投资确实可以推动高质量发展。但通过模型（5）可以看到，创新投资（RD）对企业流动比率（CR）有不显著的负向影响。表明创新投资投入过大会影响到企业的偿债能力，即企业的流动比例会下降，但这种影响是非常细微的，也说明企业不能为了创新投资而去过度举债。

总结以上分析结果说明，创业板上市公司的创新投资对企业的高质量发展有非常明显的促进作用，本研究结果与杜勇等对高新技术企业进行研究的结论一致，且假设1成立。

控制变量中，企业规模（$Size$）、企业成长性（$Growth$）及股权集中度（Crl）与企业高质量发展的关系都是在1%水平上显著为正，回归系数分别为0.061、0.137、0.491，表示企业的规模大小、成长性如何以及股权是否集中都会影响到企业的发展质量，规模大、成长性好、股权相对集中的企业更容易实现高质量发展。但资产负债率（Lev）对企业高质量发展的影响在1%水平上显著为负，回归系数为–0.463，表明虽然财务杠杆作用会跟随资产负债率增加而提高，但抑制企业发展的作用变得更大。所以，企业要适度举债，不能过度依赖举债来发展，否则结果只会适得其反。

2. 产权差异调节效应的回归分析

根据表5分产权性质分析的结果得出如下结论。

表5　分产权性质创新投资对企业高质量发展的影响回归分析

	国有企业（1）	民营企业（2）
RD	1.052* （1.76）	1.440*** （5.38）
$Size$	0.034 （1.55）	0.069*** （6.96）
Lev	−0.440*** （−3.87）	−0.484*** （−10.90）
$Growth$	0.358*** （3.96）	0.131*** （8.28）
Crl	0.195* （1.66）	0.518*** （8.14）
常数项	−0.792* （−1.72）	−1.735*** （−7.84）
N	105	1864
Overall R^2	0.291	0.176

注：***、**、* 分别表示在1%、5%、10%水平上显著；（ ）为t值。

我国创业板上市公司中的国有企业和民营企业两类样本数量相差非常大，去除1%极端值后，总样本数为1969个，国有企业样本数为105个，民营企业样本数为1864个，表明我国绝大部分创业板上市公司为民营企业。国有企业对企业高质量发展的影响在10%水平上显著为正，回归系数为1.052；民营企业对企业高质量发展的影响在1%水平上显著为正，回归系数为1.440。可以看出，创新投资可以显著地提高企业发展质量，即使区分产权这种促进关系也依然成立，这和宋在科等的研究结论一致；民营企业创新投资的显著程度明显大于国有企业，且创新投资系数更大，为1.440。以上分析表明，在我国创业板上市公司中，不同产权性质的创新投资都能够有效促进企业高质量发展，且产权差异对创新投资与企业高质量发展的关系确实存在调节效应，且促进作用在民营企业中表现得更明显一些，与唐文秀等研究结果一致，验证了假设2。

3. 地区分布调节效应的回归分析

通过对样本进行分地区分析，根据表 6 的结果得出以下结论。

表 6 分地区创新投资对企业高质量发展的影响回归分析

	东部地区（1）	中部地区（2）	西部地区（3）
RD	1.168***	1.130	6.034*
	（5.01）	（1.08）	（1.76）
Size	0.059***	0.046	0.517***
	（6.46）	（1.31）	（3.96）
Lev	−0.404***	−0.727***	−2.940***
	（−9.85）	（−4.25）	（−5.52）
Growth	0.139***	0.171***	−0.130
	（9.10）	（3.21）	（−1.10）
Crl	0.450***	0.773**	1.236
	（7.86）	（3.66）	（1.44）
常数项	−1.488***	−1.339*	−11.183*
	（−7.27）	（−1.80）	（−4.00）
N	1693	283	164
Overall R^2	0.175	0.203	0.236

注：***、**、* 分别表示在 1%、5%、10% 水平上显著；（）为 t 值。

我国创业板上市公司大多分布在东部地区，中部和西部很少。三个地区创新投资（RD）对企业高质量发展都产生正向影响，但影响程度大相径庭。东部地区创新投资与企业高质量发展的关系在 1% 水平上显著为正，系数为 1.168；中部地区创新投资对企业高质量发展的正向影响不明显，系数为 1.130；西部地区创新投资对企业高质量发展的影响在 10% 水平上显著为正，创新投资系数为 6.034。表明在我国所有区域的创业板上市公司中，创新投资对企业高质量发展都存在促进作用，且地区分布对两者之间关系起调节作用，企业所处地区的差别会导致促进作用有很大差异，假设 3 成立。

（四）稳健性检验

为了验证以上回归结果具有可靠性，本文的稳健性检验分别从三个方面进行：一是去除样本量进行稳健性检验，在五个模型中随机去除样本总数的 15%，对剩余的 1 829 条数据分别进行六个模型的回归分析；二是对上述 6 个模型的被解释变量进行主成分分析，得出新的变量 Y，并创建新的模型进行回归分析；三是选择创新绩效（Inno）（当年专利申请数量/每亿元总资产）作为被解释变量来对本文结果进行稳健性检验，当年专利申请数可以很好地体现企业创新投资的成果。

$$Y = \alpha_0 + \alpha_1 RD + \alpha_2 Size + \alpha_3 Lev + \alpha_4 Growth + \alpha_5 Crl + \varepsilon \tag{7}$$

$$Inno = \alpha_0 + \alpha_1 RD + \alpha_2 Size + \alpha_3 Lev + \alpha_4 Growth + \alpha_5 Crl + \varepsilon \tag{8}$$

根据表 7 的稳健性检验回归结果可以看出，模型（1）~（6）在对总样本 2 512 条数据随机去除 15% 即 323 条数据后，回归结果仍与表 4 一致，创新投资（RD）对企业高质量发展的影响显著为正；模型（7）中的创新投资与新变量 Y 的关系在 1% 水平上显著正相关，仍与销售经济增加值回报率（EVAR1）作为被解释变量的回归结果一致；模型（8）中的创新投资与创新绩效（Inno）的关系也在 1% 水平上显著正相关，且回归系数为 8.581，说明创新投资可以显著地增加企业创新绩效，进而促进企业高质量发展。三种检验都与本文研究结果一致。

表 7 稳健性检验

	(1)						(2)	(3)
	模型（1）	模型（2）	模型（3）	模型（4）	模型（5）	模型（6）	模型（7）	模型（8）
RD	1.101***	0.485***	0.663***	2.087***	−0.715	2.719***	1.111***	8.581***
	(4.49)	(6.71)	(6.73)	(9.97)	(−0.34)	(5.73)	(5.64)	(4.71)
Size	0.056***	0.019***	0.027***	−0.028***	−0.260***	0.175***	0.052***	−0.522***
	(6.16)	(7.09)	(7.22)	(−3.52)	(−3.29)	(9.85)	(7.07)	(−7.59)

续表

	(1)						(2)	(3)
	模型（1）	模型（2）	模型（3）	模型（4）	模型（5）	模型（6）	模型（7）	模型（8）
Lev	−0.429*** (−10.09)	−0.141*** (−11.24)	−0.185*** (−10.89)	0.188*** (5.64)	−10.052*** (−28.84)	−0.868*** (−10.65)	−0.397*** (−11.84)	0.533* (1.78)
Growth	0.140*** (9.25)	0.047*** (10.83)	0.063** (10.93)	−0.092*** (−11.65)	−0.151* (−1.65)	0.243*** (9.48)	0.117*** (9.70)	−0.263*** (−3.19)
Crl	0.481*** (8.30)	0.156*** (9.10)	0.215*** (9.18)	0.020 (0.37)	0.589 (1.14)	1.361*** (11.95)	0.418*** (8.99)	1.321*** (2.96)
常数项	−1.449*** (−7.09)	−0.480*** (−7.96)	−0.668*** (−8.13)	0.954*** (5.48)	11.769*** (6.70)	−4.118*** (−10.38)	−1.320*** (−8.03)	11.403*** (7.43)
N	1829	1829	1829	1829	1829	1829	2152	2152
Overall R^2	0.174	0.226	0.226	0.084	0.467	0.231	0.184	0.059

注：***、**、*分别表示在1%、5%、10%水平上显著；()为t值。

六、研究结论与政策建议

(一)研究结论

随着我国经济的发展，国家对于企业的创新越来越重视，并出台了相关有力政策，许多企业都在寻求发展的创新与改革，进行创新投资的企业越来越多，对创新投资与企业发展质量的关系进行研究的学者也越来越多，相关文献也日益丰富。

本文通过对相关理论的学习以及前人文献的梳理，在已有相关研究成果的基础上提出了假设，并选用销售经济增加值回报率作为企业高质量发展的衡量指标、RD（研发投入/年初总资产）作为创新投资的测度指标来构建模型，选取创业板上市公司2016—2019年726家企业2512个样本数据进行实证研究分析，运用描述性统计法、相关性分析法、多元回归分析，进一步探究了创新投资对企业高质量发展的影响，从而得出如下结论。

第一，创业板上市公司进行创新投资能显著地促进企业高质量发展。这意味着我国创业板上市公司可以通过创新投资即增加研发投入来实现产品的换代升级、生产工艺的优良改进以及促进绿色发展、顺应时代潮流，并最终实现高质量发展。

第二，促进作用对于国有企业和民营企业都适用，但不同产权对创新投资与企业高质量发展之间关系的调节作用存在差异，这种促进作用在民营企业中更加明显。这一结论则表示无论是国有企业还是非国有企业，只要进行创新投资都可以促进企业的发展，但是由于产权所导致的企业内部机制和社会责任的不同，民营企业的创新投资效果更加明显。

第三，不论是我国东部、中部还是西部地区，创新投资都可以有效提高企业发展质量。但是，由于调节效应——地区分布的存在使得促进作用在三大地区存在差异。东部地区的企业凭借区位优势和人才优势，促进作用最为显著。中部和西部地区的企业创新投资效果虽然不如东部，但也应根据自身特点和特有的资源来进行创新投资，以增强企业的竞争力。

研究还表明：一是企业规模适当扩大也会提高企业的发展质量。企业在发展中应找准时机适当扩大企业规模，增加竞争力。二是提高企业成长性能有效地促进企业高质量发展。企业应秉持创新与变革的发展理念，坚持走可持续发展道路，不断提高企业成长性。三是股权集中度较高、企业权利集中，可以促进企业高质量发展。四是资产负债率会抑制企业高质量发展。分析其中缘由，描述性统计显示创业板上市公司资产负债率最高可达到80%，当资产负债率过高时，会增大企业经营风险，降低企业的发展质量。所以，创业板上市公司应注意适度把控自身的资产负债率。

以上研究结论可以促使更多的创业板上市公司进行创新投资，丰富我国创新投资理论成果，使更多中小企业和高新技术企业获得发展机会。创业板上市公司应该注重创新投资，关注企业成长性，适度举债，不要让股份过于松散，这样会有效地提升企业发展质量。同时，要选择适合自身发展的方式，进行高效创新投资，进而实现企业高质量发展。

当然，本论文也存在许多不足，创业板上市公司创新研发实际情况复杂，受到的影响可能更多，使本文的结论存在局限性，所以各创业板上市公司还需要根据自身实际情况进行创新投资，以更好地促进企业高质量发展。

（二）政策建议

从研究结果来看，创新投资可以有效地推进我国创业板上市公司实现高质量发展，但现阶段我国创业板上市公司进行创新投资的力度参差不齐且总体力度偏小。导致这样结果的原因可能与知识产权滥用、投资所需资金紧张以及企业内部机制有关。为了改善我国企业创新投资的困境，使企业敢于创新、乐于创新且受益于创新，进而提高企业发展质量，本文从政府和企业两个角度给出建议。

1. 政府角度

根据研究显示，创新投资是企业实现高质量发展的重要路径之一，但企业在创新过程中容易遇到成果被"窃取"、资金周转困难等问题。企业作为我国经济高质量发展的微观主体，政府应对企业的创新投资予以支持和帮助，使企业实现高质量发展，进而助力我国经济的高质量发展。以下两条建议是针对我国创业板上市企业创新投资目前所遇到的问题提出的。

（1）加强知识产权保护。政府应对知识产权给予足够的重视和保护，提高企业创新投资的积极性和主动性，并依法清除假冒商品，加强市场环境的保护，创造良好的市场营商环境。由于创新投资的成果很容易被同行利用，创新投资成了一项成本高、利润低的投资。企业更愿意去模仿别人的创新成果，创新研发的积极性不高，这种现象使得市场不良竞争问题加剧。政府要加强对知识产权重要性的宣传，同时也要加强政策引导与管控力度，建立完善的知识产权法律法规，为企业进行创新投资提供更细致的指导，并规范企业使用知识产权。

（2）完善资金支持与奖励机制。政府应当对企业创新投资予以鼓励和资金支持，推出更多的支持政策，扩大补贴范围，对创新投资积极性高的企业进行一定的奖励，督促企业进行创新投资，激发企业研发的主动性，进而推动实现产业升级。相应激励措施的实施会吸引更多的企业进行创新投资，取得更多的创新性成果，既可以使企业实现高质量发展，又可以增强我国在国际上的竞争优势。

2. 企业角度

根据理论和实证分析，确定了创新投资与企业高质量发展之间存在正向影响的关系。因此，企业要充分认识创新投资对企业未来发展的重要性，同时需要根据自己的产权所属和地理位置来确定创新投资规划。

（1）提升创新投资的产出水平。创业板中无论是国有企业还是民营企业都要加大研发投入，尤其是中小型的民营企业，在进行创新投资的同时应重点关注创新研发的效率和研发成果的质量，只有提升创新投资的产出水平，企业才能实现良好的循环发展，不断扩大市场影响力，进而实现企业高质量发展。

（2）拓宽融资渠道。创新投资需要稳定的现金流，因而企业要主动去拓宽内外部的各种融资渠道，以获得更多的投资来为企业的创新保驾护航。想要获得投资者的投资，企业要有足够的实力和能力吸引外来投资者；另外，企业也应主动拓宽外部的融资渠道，在竞争越来越激烈的大环境下，企业融资能力越强，越有选择权，竞争优势也就越明显。

（3）转变员工机制。为了实现企业高质量发展，企业应鼓励员工多进行创新，建立一套有关创新的奖惩措施来鼓励或者约束员工。企业也应让利益相关者参与公司的治理，发挥其对管理者的监督作用，避免权利过度集中导致的独断专权或权利过度分散造成的控制不力。最后，监察人员应加强对经理人的监督，避免其为了自身利益而只着眼于短期利益的情况。

（罗斌元，杨倩，河南理工大学财经学院）

参考文献

[1] 林兆木.我国经济高质量发展的内涵和要义[J].西部大开发,2018(Z1):111-113.

[2] 吴建祖,肖书锋.创新注意力转移、研发投入跳跃与企业绩效:来自中国A股上市公司的经验证据[J].南开管理评论,2016,19(2):182-192.

[3] 戴国宝,王雅秋.民营中小微企业高质量发展:内涵、困境与路径[J].经济问题,2019(8):54-61.

[4] 周煊,程立茹,王皓.技术创新水平越高企业财务绩效越好吗?——基于16年中国制药上市公司专利申请数据的实证研究[J].金融研究,2012(8):166-179.

[5] CIFTCI M,CREADY W M.Scale effects of R&D as reflected in earnings and returns[J].Journal of Accounting&Economics,2011,52(1):p.62-80.

[6] COZZARIN B P.Data and the measurement of R&D program impacts[J].Evaluation and Program Planning,2008,31(3):284-298.

[7] SAKCHUTCHAWAN S,HONG P C,CALLAWAY S K,et al.Innovation and Competitive Advantage:Model and Implementation for Global Logistics[J].International Business Research,2011,4(3):1913-9012.

[8] 唐文秀,周兵,徐辉.产品市场竞争、研发投入与财务绩效:基于产权异质性的比较视角[J].华东经济管理,2018,32(7):110-119.

[9] 杜勇,鄢波,陈建英.研发投入对高新技术企业经营绩效的影响研究[J].科技进步与对策,2014,31(2):87-92.

[10] 海本禄,尹西明,陈劲.CEO特征、研发投资与企业绩效[J].科学学研究,2020,38(2):276-287.

[11] 葛骏,朱和平.R&D活动、创新专利与企业绩效:来自上市公司的经验证据[J].财会通讯,2016(1):32-36.

[12] 杜相宏,周咏梅.民营经济高质量发展的影响因素研究[J].财会通讯,2020(17):98-101.

[13] 田晖,宋清.创新驱动能否促进智慧城市经济绿色发展:基于我国47个城市面板数据的实证分析[J].科技进步与对策,2018,35(24):6-12.

[14] GALAI D,MASULIS R W.The option pricing model and the risk factor of stock[J].Journal of Financial Economics,1976,3(1):53-81.

[15] 张俭,张玲红.研发投入对企业绩效的影响:来自2009—2011年中国上市公司的实证证据[J].科学决策,2014(1):54-72.

[16] 陈建丽,孟令杰,王琴.上市公司研发投入与企业绩效的非线性关系[J].中国科

技论坛，2015（5）：67-73.

[17] 韩先锋，董明放.研发投入对企业绩效影响的门槛效应[J].北京理工大学学报（社会科学版），2018，20（2）：95-101，116.

[18] 张波涛，李延喜，栾庆伟，等.专利研发中"加速化陷阱"现象的实证研究：以机械制造业上市公司三种专利产出为例[J].科研管理，2008（3）：89-97，104.

[19] LIN B W, LEE Y, Hung S C, et al.R&D Intensity and commercialization orientation effects on financial performance[J].Journal of Business Research，2006，59（6）：679-685.

[20] 刘力钢，刘杨，刘硕.企业资源基础理论演进评介与展望[J].辽宁大学学报（哲学社会科学版），2011，39（2）：108-115.

[21] 陈旭升，李云峰.制造业技术创新动态能力与高质量发展：基于创新引领视角[J].科技进步与对策，2020，37（6）：92-101.

[22] 宋在科，周萍华，高淑娟.债务期限、创新投资与企业绩效：基于产权性质的视角[J].东北农业大学学报（社会科学版），2019，17（2）：11-18.

[23] 约瑟夫·熊彼特.经济发展理论[M].北京：中国人民大学出版社，2019.

[24] PRAHALAD C K, HAMEL G.The Core Competence of the Corporation[J].Harvard Business Review，2006，68（3）：275-292.

[25] 黄娟.科技创新与绿色发展的关系：兼论中国特色绿色科技创新之路[J].新疆师范大学学报（哲学社会科学版），2017，38（2）：33-41.

[26] 陈丽姗，傅元海.融资约束条件下技术创新影响企业高质量发展的动态特征[J].中国软科学，2019（12）：108-128.

[27] 蒋卫平，刘黛蒂.研发投入、冗余资源与企业绩效的关系研究[J].财经理论与实践，2016，37（5）：57-62.

[28] 纪明明，邓伟.研发投入与公司价值：规模与产权性质的调节作用[J].企业经济，2017，36（3）：68-75.

[29] 李习保.中国区域创新能力变迁的实证分析：基于创新系统的观点[J].管理世界，2007（12）：18-30，171.

[30] 刘和旺，左文婷.地区制度质量、技术创新行为与企业绩效[J].湖北大学学报（哲学社会科学版），2016，43（2）：139-146.

政府推动企业突破核心技术的机制及效应研究

摘要：本文分析政府补贴、税收优惠、知识产权保护对企业突破性创新的综合影响机制，构建固定效应模型，收集2013—2020年政府推动新能源汽车动力电池企业上市公司突破性创新的相关数据，对各种政策效应进行深入全面比较。研究发现：①单项与组合政策对创新投入与产出有不同程度的推动作用；②单项政策的政府补贴对创新投入的效应最佳，知识产权保护对创新产出的效应最佳；③两项组合的"政府补贴+税收优惠"对创新投入的效应最佳；④三项政策组合对创新产出的效应最佳。在此基础上提出政府有效推动企业突破关键核心技术的政策建议，以期为政府促进经济高质量发展提供参考。

一、引言

关键核心技术是国之重器,是推动我国经济高质量发展、保障国家经济安全的关键。掌握核心技术就掌握了创新发展的主导权。"缺芯少魂"一直是我国产业创新和国际竞争的"软肋"和"瓶颈"。政府既是科技创新资源的最大拥有者,也是科技创新活动最重要的引导者,突破关键核心技术,离不开政府的引导和支持。政府不同的政策工具对促进企业突破关键核心技术的机制与效应不同。在目前科技资源有限的背景下,厘清政府推动企业突破关键核心技术的机制、有效提升政府创新工具的政策效应,是亟待解决的现实问题。

关于政府推动企业突破核心技术,学者们做过相关研究,主要围绕以下两个线索:第一,单项政策工具。部分学者研究了政策工具的单独影响。①政府补贴。Bronzini 和 Piselli 分析了意大利的政府补贴对企业创新的影响,发现政府补贴有利于促进企业的创新产出。然而,高额度政府补贴所引发的"寻补贴"、为了"寻扶持"的策略性创新等负面现象会抑制企业的创新产出。②税收优惠。Kao 在进行企业研发绩效与税收优惠的关联研究之后,发现获得税收减免的企业创新质量更高。王春元通过上市公司数据实证研究得知,税收优惠对我国重点支持的小微高新技术企业的研发投入没有产生预期的促进作用。③知识产权保护。刘思明等实证研究发现,加强知识产权保护能显著提升我国工业企业的创新产出能力。Hudson研究得出,知识产权保护与企业技术研发之间的非线性关系,使得知识产权保护对创新的激励效应很难确定。另有部分学者研究了政策工具的影响比较。周海涛和张振刚对广东省2013年的高新技术企业进行实证研究发现，对于企业的创新投入，政府补贴与税收优惠的激励作用相反，政府补贴会产生"挤出效应"；对于企业的创新绩效，政府补贴的激励作用要强于税收优惠。马文聪等选取大中型工业企业的面板数据，实证分析得知政府补贴、直接和间接的税收优惠均能推动企业的研发投入，且第二种方式的促进作用最突出。金婷婷通过对沪深高新技术企业的面板数据进行实证分析得出，相较于政府补贴，税收优惠对于企业实质性创新产出的推动作用更强。第二，多项政策工具。不少学者对政策工具的相互作用进行了实证分析。张新和任强发现，同时使用政府补贴和税收优惠能够正向影响企业的研发投入，但作用并不显著。孙赫发现，加强知识产权保护的同时提高政府补贴力度，有助于进一步强化知识产权保护对企业创新投入的激励效应。马文聪等发现协同使用知识产权保护时，能够强化政府补贴、直接税收优惠对工业企业专利产出的促进作用，克服间接税收优惠的抑制作用。

综上，学者们对政府政策工具的研究推动了相关理论与实践的发展。遗憾的是现有研究存在以下不足：①从研究对象看，现有文献以区域或行业划分研究对象，忽视政府政策工具对微观企业的影响效应。②从研究内容看，现有文献侧重于一种或两种政策工具的单独或者比较分析，忽视了多种政策工具间的组合效应。③从研究方法看，现有文献侧重于实证分析，忽视了政策工具综合影响的理论分析。政府补贴、税收优惠、知识产权保护三种政策工具综合推动核心技术突破的机制是什么？单项政策哪个效应更大？组合政策中，哪两对组合效应更大？三对组合大小如何？鲜有文献进行回答。为此，本文分析政府补贴、税收优惠、知识产权保护对企业突破性创新的综合影响机制，构建固定效应模型，收集2013—2020年政府推动新能源汽车动力电池企业上市公司突破性创新的相关数据，对各种政策效应进行深入、全面的比较，在此基础上提出政府有效推动企业突破关键核心技术的政策建议，以期为政府促进经济高质量发展提供参考。

二、政府推动企业突破核心技术机制的理论分析

政府通过各种政策工具推动企业突破核心技术。限于篇幅，本文主要分析"政府补贴、税收优惠、知识产权保护"这三项政策工具及其组合的综合影响机制和效应（见图1）。

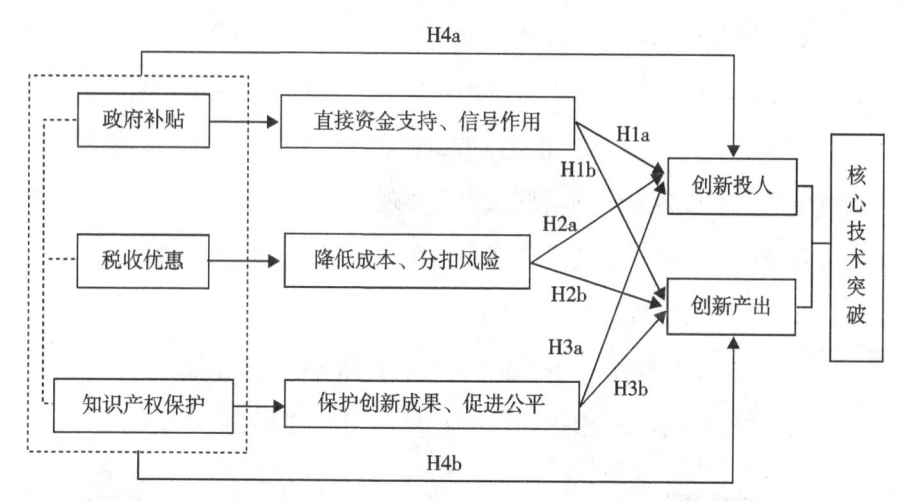

图1 政府政策工具推动企业突破核心技术的作用机制及效应

（一）政府补贴

政府补贴即政府免费且直接给予企业的货币性与非货币性资产，如财政补贴、研发补助、贷款贴息、项目拨款等。政府补贴推动企业突破核心技术的机制在于：首先，政府补贴提供直接的资金来源支持。关键核心技术的突破对企业在资金、人才、设备等方面的要求非常高，相较于一般的技术创新，其基础研究周期更长、投入更大、市场不确定性更高，使得企业往往望而却步。政府补贴则通过增加企业的研发资金投入，分担并降低企业的研发成本和创新压力，克服核心技术突破初始阶段的高固定成本，

激发企业充分调动自身的资源积极突破核心技术。其次，政府补贴发挥了积极的"信号作用"。一方面，这种"信号作用"降低了企业与外部投资者之间的信息不对称程度。政府给予企业创新补贴，相当于企业自身的技术创新能力、科研项目水平等获得了政府的官方肯定，同时政府也会进一步规范和引导企业进行持续的核心技术突破，这种以政府信用为支撑的技术认可与监管认可形成双重信号，促使金融机构、社会公众等外部投资者纷纷增强投资信心，从而形成稳定的、多元化的创新资金支持链，进一步缓解企业的资金压力。另一方面，政府补贴为企业搭建起了"政产学研"的创新平台或联盟。核心技术从"零"到"一"的跨越离不开高校、科研机构、上下游企业等多个创新主体的协同创新，"政产学研"的创新平台或联盟汇聚了来自各方的创新型人才，实现了更大范围的知识和技术的流入，从而为企业实现核心技术突破注入源源不断的人才和技术优势。基于以上分析，本文提出假设 H1a、H1b。

H1a：政府补贴显著正向推动企业核心技术突破的创新投入。

H1b：政府补贴显著正向推动企业核心技术突破的创新产出。

（二）税收优惠

税收优惠包含直接和间接两个方面的措施。前者包括可以直接降低企业税收负担的减免税款；后者包括加计扣除、加速折旧、递延纳税等，能够间接降低企业税收支出。税收优惠推动企业突破核心技术的机制在于：首先，直接税收优惠政策普惠性地降低了企业核心技术突破的研发成本。直接税收优惠通过减少企业的税收负担，增加企业税后的净收益，进而节约创新活动的成本，缓解企业资金占用风险，提升企业抵御突破核心技术高风险的能力，从而有助于提高企业突破核心技术的积极性，并增强创新投入的力度。其次，间接税收优惠能够稳步增强企业的高质量创新产出。企业出于自身长期发展和获取更高企业利润的考量，会对高质量的专利进行研发设计,并批量生产出高价值的核心产品,由此获得的间接税收优惠会为企业带来稳定的创新收入,并不断激发企业的发明专利与核心产品产出,进一步增强企业持续突破核心技术的投入力度和发展信心。最后,税收优惠资格向外界传递了积极的信号。获得政府免税或减税资格本身就在一定程度上反映了企业良好的信用评级,有助于企业聚集更多的创新人才和外部投资,不断输入创新活力,进一步推动核心技术突破高质量、持续性发展。基于以上分析,提出假设 H2a、H2b。

H2a:税收优惠显著正向推动企业核心技术突破的创新投入。

H2b:税收优惠显著正向推动企业核心技术突破的创新产出。

(三)知识产权保护

知识产权是人类智力劳动成果的专属权利,不仅包括大众熟知的专利、商标,还包括地理标志、集成电路布图设计等。知识产权保护推动企业突破核心技术的机制在于:首先,知识产权保护是对企业突破核心技术、产出创新成果的有力保障。由于自主创新的外溢性,尤其是支撑国家经济高水平发展的关键产业和新兴战略产业,具有极强的产业关联性和渗透性,这种外部性特征会使企业取得发明专利后给社会发展带来"溢出效应",导致其他主体的"搭便车"行为,从而核心技术突破给自主创新主体带来的收益远远小于社会的总收益,长此以往,企业突破核心技术的积极性和动力会被极大地削弱。知识产权保护通过制度和法律手段对"搭便车"这类机会主义行为进行监督和矫正,加大企业的模仿成本,在一定年限内起到保护企业的发明专利及其经济收益的作用。其次,知识产权保护向外部投资者传递了积极的信号。发明专利给企业带来的知识产权意味着企业拥有高价值的专属无形资产,其所包含的正面肯定和隐形背书无形之中给企业带来了不可估量的市场价值,进而能够吸引更多的外部投资来增强企业的创新投入,以进一步调动企业突破核心技术的积极性。基于以上分析，提出假设 H3a、H3b。

H3a：知识产权保护显著正向推动企业核心技术突破的创新投入。

H3b：知识产权保护显著正向推动企业核心技术突破的创新产出。

（四）政策工具组合

基于上述三种单项政策工具推动企业核心技术突破的机制分析，进一步比较分析它们各自的优势和劣势，其作用差异如表1所示。

表1 三种政府政策工具的作用差异比较

差异	政府补贴	税收优惠	知识产权保护
激励导向	事前直接激励	全过程间接激励	事中事后间接激励
激励对象	针对性强	通用性高	通用性高
激励时间	短期效果好	长期效果好	长期效果好
公平程度	低	高	高

①从激励导向来看。政府补贴侧重于核心技术突破前期对企业给予研发资金的直接激励；知识产权保护侧重于对中后期企业取得发明专利和利润收益时的成果保护；而税收优惠更倾向于作用于整个过程的间接激励。②从激励对象的适用性来看。政府补贴主要针对企业具体的研发或科技项目进行补贴资助，对核心技术突破的针对性较强；而税收优惠和知识产权保护面向的创新主体范围更广，通用性更高，针对性则稍弱。③从激励时间来看。政府补贴的短期激励效果更好；而税收优惠和知识产权保护由于贯穿整个核心技术突破过程，相对来说长期效果更好。④从公平程度来看。政府补贴是由政府对企业核心技术突破项目进行选择与认定后才给予的支持，可能会存在政府"连带关系""技术远期偏好"、企业"寻租"等损害市场公平竞争的行为；相较来说，税收优惠和知识产权保护则更加公开透明。

根据上述作用差异比较，本文认为将政府补贴、税收优惠、知识产权保护进行优化组合，可以克服单一政策工具使用时的不足，实现政策工具组合效应的最大化，为企业突破核心技术的整个过程锦上添花。基于以上分析，本文提出假设 H4a、H4b。

H4a：政策工具组合显著正向推动企业核心技术突破的创新投入。

H4b：政策工具组合显著正向推动企业核心技术突破的创新产出。

三、政府推动企业突破核心技术效应的实证分析

（一）变量选取与模型构建

1. 变量选取

（1）被解释变量。A. 对于企业的创新投入水平，本文从研发费用投入（rde）和研发人员投入（rds）两个方面来考察。核心技术的突破不仅需要大量的资金投入，也需要注重研发人员的知识溢出。参考郭玥的做法，研发资金投入采用研发支出与总资产的比值来衡量，研发人员投入采用研发人员数量与企业总人数的比值来衡量。B. 对于企业的创新产出水平，本文从发明专利申请（pai）和企业年净利润（npr）两个方面来度量。企业每一项核心技术的突破，都意味着其能获取高质量的发明专利，并将其应用于市场实现经济收益。

（2）解释变量。借鉴刘兰剑等的研究，政府补贴（sub）和税收优惠（tax）分别使用企业年报中的"计入当期损益的政府补贴""收到的税费返还"这两项与企业总资产的比值来度量。参照许春明和单晓光的做法，本文使用 G-P 法来测算知识产权保护水平（ipp），即根据企业注册地所在地区的"司法保护强度、行政保护水平、社会公众意识、国际监督制衡、经济发展水平" 5 项指标加权平均测算出各区域的知识产权保护强度，以表示企业知识产权保护水平。

(3)控制变量。企业自身经营规模的大小、经营时间的长短是影响其进行核心技术突破的重要因素，本文选取企业规模（sca）和企业年龄（age）作为控制变量，分别用总资产、注册时间年限来表示。

2. 模型构建

结合上文的机制分析，为检验政府补贴、税收优惠、知识产权保护及三种工具的组合对企业核心技术突破的影响，本文构建出双向固定效应模型（1）~（7）。其中，被解释变量为创新投入（研发费用、研发人员）、创新产出（发明专利申请、净利润）；β_0为横截距，i代表动力电池企业，t代表年份；此外，为限制时间变化以及全国宏观经济给企业带来的影响与冲击，本文引入了公司层面的固定效应λ_i与年份固定效应τ_t；ε_{it}为残差。

（1）单项政策工具：

$$\ln rde_{it} = \beta_0 + \beta_1 \cdot \ln sub_{it} + \beta_2 \cdot \ln sca_{it} + \beta_3 \cdot \ln age_{it} + \lambda_i + \tau_t + \varepsilon_{it} \quad (1)$$

$$\ln rde_{it} = \beta_0 + \beta_1 \cdot \ln tax_{it} + \beta_2 \cdot \ln sca_{it} + \beta_3 \cdot \ln age_{it} + \lambda_i + \tau_t + \varepsilon_{it} \quad (2)$$

$$\ln rde_{it} = \beta_0 + \beta_1 \cdot \ln ipp_{it} + \beta_2 \cdot \ln sca_{it} + \beta_3 \cdot \ln age_{it} + \lambda_i + \tau_t + \varepsilon_{it} \quad (3)$$

模型（1）、（2）、（3）分别探讨了单项政策工具即政府补贴、税收优惠、知识产权保护对研发费用的影响效应，探讨对研发人员、发明专利申请、净利润的影响效应时只需将因变量rde_{it}依次换成rds_{it}、pai_{it}、npr_{it}。

（2）政策工具组合：

$$\ln rde_{it} = \beta_0 + \beta_1 \cdot \ln sub_{it} + \beta_2 \cdot \ln tax_{it} + \beta_3 \cdot \ln sca_{it} + \beta_4 \cdot \ln age_{it} + \lambda_i + \tau_t + \varepsilon_{it} \quad (4)$$

$$\ln rde_{it} = \beta_0 + \beta_1 \cdot \ln sub_{it} + \beta_2 \cdot \ln ipp_{it} + \beta_3 \cdot \ln sca_{it} + \beta_4 \cdot \ln age_{it} + \lambda_i + \tau_t + \varepsilon_{it} \quad (5)$$

$$\ln rde_{it} = \beta_0 + \beta_1 \cdot \ln tax_{it} + \beta_2 \cdot \ln ipp_{it} + \beta_3 \cdot \ln sca_{it} + \beta_4 \cdot \ln age_{it} + \lambda_i + \tau_t + \varepsilon_{it} \quad (6)$$

模型（4）、（5）、（6）分别探讨了政府补贴与税收优惠的组合、政府补贴与知识产权保护的组合、税收优惠与知识产权保护的组合对研发费用的影响效应，探讨对研发人员、发明专利申请、净利润的影响效应时只需将因变量 rde_{it} 依次换成 rds_{it}、pai_{it}、npr_{it}。

$$\ln rde_{it} = \beta_0 + \beta_1 \cdot \ln sub_{it} + \beta_2 \cdot \ln tax_{it} + \beta_3 \cdot \ln ipp_{it} + \beta_4 \cdot \ln sca_{it} \\ + \beta_5 \cdot \ln age_{it} + \lambda_i + \tau_t + \varepsilon_{it} \tag{7}$$

模型（7）探讨的则是政府补贴、税收优惠与知识产权保护三项工具的组合对研发费用的影响效应，探讨对研发人员、发明专利申请、净利润的影响效应时只需将因变量 rde_{it} 依次换成 rds_{it}、pai_{it}、npr_{it}。

（二）样本选取与数据来源

1. 样本选取

本文以新能源汽车动力电池企业为样本，选取 2013—2020 年国内动力电池出货量较大且相关专利申请数较多的 20 家代表性动力电池企业作为研究对象。动力电池技术被誉为新能源汽车"三大关键核心技术之首"，作为支撑新能源汽车运行的"心脏"，动力电池是汽车产业新能源化和电动化转型的关键支柱。我国以宁德时代、比亚迪为龙头的动力电池企业，在动力电池技术方面已达到世界领先水平，这离不开政府相关政策举措的积极支持与推动。

2. 数据来源

借鉴黎文靖和郑曼妮、高新伟和张晓艺的研究，动力电池企业的关键核心技术突破主要体现为高质量发明专利的申请。发明专利申请的数据主要来源于壹专利检索分析数据库，知识产权保护的数据主要来源于《中国统计年鉴》（2013—2020），研发费用、政府补贴、企业规模等其他变量的数据均来源于锐思金融研究数据库以及深圳和上海两个证券交易所提供的各家上市公司的企业年度报告，由作者手工整理所得。

（三）回归效应分析

本文以模型（1）~（7）为基础模型，从创新投入和创新产出两个角度，运用STATA16软件进行回归分析，以检验三种政府推动工具及其组合对创新投入（研发费用、研发人员）和创新产出（发明专利申请、净利润）的影响效应。

1. 政府单项政策工具效应分析

（1）对创新投入的回归分析。政府补贴、税收优惠、知识产权保护单项政策工具对创新投入的回归结果如表2所示。

表2 单项政策工具对创新投入的回归结果

变量	模型（1）		模型（2）		模型（3）	
	ln rde	ln rds	ln rde	ln rds	ln rde	ln rds
ln sub	0.282***	0.215***				
	(0.120)	(0.070)				
ln tax			0.110**	0.165**		
			(0.035)	(0.116)		
ln ipp					0.096*	0.018*
					(0.422)	(0.761)
ln sca	0.705***	0.465***	0.870***	0.388***	0.677***	0.576***
	(0.136)	(0.115)	(0.085)	(0.134)	(0.153)	(0.070)
ln age	−0.067	−0.034	−0.063	−0.0390	−0.062	−0.024
	(0.046)	(0.035)	(0.043)	(0.030)	(0.046)	(0.032)
_cons	−1.722	−6.368**	−2.501	−5.134**	−40.600*	−90.020*
	(1.732)	(1.649)	(1.829)	(1.579)	(16.360)	(34.220)
year	Y	Y	Y	Y	Y	Y
R^2	0.736	0.592	0.718	0.658	0.715	0.369
F	80.870	71.310	52.170	37.250	68.190	46.720
N	160	160	160	160	160	160

注：括号内为t值，* $p<0.05$，** $p<0.01$，*** $p<0.001$。

由模型（1）可知，政府补贴对研发费用和研发人员的回归系数分别为 0.282、0.215，且均在 1‰ 的统计水平上显著，说明政府补贴能对创新投入产生显著的正向影响，假设 H1a 得到完全验证。

由模型（2）可知，税收优惠对研发费用和研发人员的回归系数分别为 0.110、0.165，且均在 1% 的统计水平上显著，说明税收优惠能对创新投入产生显著的正向影响，假设 H2a 得到完全验证。

由模型（3）可知，知识产权保护对研发费用和研发人员的回归系数分别为 0.096、0.018，且均在 5% 的统计水平上显著，说明知识产权保护能对创新投入产生显著的正向影响，假设 H3a 得到完全验证。

由模型（1）~（3）可知，政府补贴对于总创新投入的影响效应（研发费用和研发人员的相关系数之和，下文同）为 0.497（0.282+0.215），税收优惠对于总创新投入的影响效应为 0.275（0.110+0.165），知识产权保护对于总创新投入的影响效应为 0.114（0.096+0.018）。由 0.497>0.275>0.114 可以判断出，政府补贴对于企业核心技术突破的创新投入的推动效果最佳。由上分析可得：

结论 1：单项政策中，政府补贴、税收优惠、知识产权保护分别能显著正向推动企业核心技术突破的创新投入，且政府补贴的政策效应最佳。

（2）对创新产出的回归分析。政府补贴、税收优惠、知识产权保护单项政策工具对创新产出的回归结果如表 3 所示。

表 3　单项政策工具对创新产出的回归结果

变量	模型（1）		模型（2）		模型（3）	
	ln pai	ln npr	ln pai	ln npr	ln pai	ln npr
ln sub	0.304***	−0.018				
	（0.148）	（0.160）				
ln tax			0.404***	0.154*		
			（0.269）	（0.157）		

续表

变量	模型（1）		模型（2）		模型（3）	
	ln *pai*	ln *npr*	ln *pai*	ln *npr*	ln *pai*	ln *npr*
ln *ipp*					0.126**	0.848*
					(0.383)	(0.355)
ln *sca*	0.605*	0.882***	0.422	0.666**	0.519*	0.760***
	(0.216)	(0.181)	(0.371)	(0.183)	(0.205)	(0.113)
ln *age*	−0.082	−0.003	−0.093	−0.006	−0.075	0.037
	(0.080)	(0.082)	(0.080)	(0.085)	(0.074)	(0.081)
_cons	−15.420***	−0.193	−12.630**	1.876	−66.030***	−389.200*
	(3.374)	(2.598)	(4.395)	(2.604)	(14.210)	(162.800)
year	Y	Y	Y	Y	Y	Y
R^2	0.213	0.617	0.184	0.615	0.196	0.062
F	21.970	21.180	27.930	20.040	27.190	25.700
N	144	149	144	149	144	149

注：括号内为 t 值，* p<0.05, ** p<0.01, *** p<0.001。

由模型（1）可知，政府补贴对发明专利申请的回归系数为0.304，在1‰的统计水平上显著，说明政府补贴能对发明专利申请产生显著的正向影响；政府补贴对企业净利润的回归系数为 −0.018，但不显著，说明政府补贴对企业净利润无显著影响，因而假设 H1b 得到部分验证。这可能是因为政府补贴侧重于事前激励，即在核心技术突破启动阶段进行大量的资金和人才投入，部分企业在取得政府补贴后，并未将其投入核心技术中后期的高质量突破和商业化应用中，忽视了高质量核心技术突破带来的长远利益。由此可发现：政府补贴能显著正向推动企业研发产出（发明专利申请），但对商业化产出（企业净利润）的影响效果不显著。

由模型（2）可知，税收优惠对发明专利申请和企业净利润的回归系数分别为0.404、0.154，且分别在1‰和5%的统计水平上显著，说明税收优惠能对创新产出产生显著的正向影响，假设 H2a 得到完全验证。

由模型（3）可知，知识产权保护对发明专利申请和企业净利润的回归系数分别为 0.126、0.848，且分别在 1% 和 5% 的统计水平上显著，说明知识产权保护能对创新产出产生显著的正向影响，假设 H3a 得到完全验证。

由模型（2）~（3）可知，税收优惠对于总创新产出的影响效应（发明专利申请和企业净利润的回归系数之和，下文同）为 0.558（0.404+0.154），知识产权保护对于总创新产出的影响效应为 0.974（0.126+0.848）。由 0.974>0.558 可以判断出，知识产权保护对于企业核心技术突破的创新产出的推动效果最佳。由以上分析可发现：税收优惠、知识产权保护分别能够显著正向推动企业核心技术突破的创新产出，且知识产权保护的推动效果最佳。

综合模型（1）~（3）分析，可得：

结论 2：单项政策中，税收优惠、知识产权保护能显著正向推动企业核心技术突破的创新产出，且知识产权保护的推动效果最佳；而政府补贴显著正向推动企业研发产出（发明专利申请），对商业化产出（企业净利润）影响效果不显著。

2.政府政策工具组合效应分析

（1）对创新投入的回归分析。政府补贴、税收优惠、知识产权保护组合政策工具对创新投入的回归结果如表 4 所示。

表 4 政策工具的组合对创新投入的回归结果

变量	模型（4）		模型（5）		模型（6）		模型（7）	
	ln rde	ln rds	ln rde	ln rds	ln rde	ln rds	ln rde	ln rds
ln sub	0.237**	0.089**	0.232**	0.126**			0.207**	0.095**
	（0.111）	（0.082）	（0.095）	（0.070）			（0.095）	（0.061）
ln tax	0.079**	0.130**			0.080**	0.119*	0.059**	0.111
	（0.027）	（0.123）			（0.021）	（0.114）	（0.019）	（0.119）

续表

变量	模型（4）		模型（5）		模型（6）		模型（7）	
	ln rde	ln rds	ln rde	ln rds	ln rde	ln rds	ln rde	ln rds
ln ipp			0.073*	0.018*	0.076*	0.015*	0.060*	0.014
			(0.319)	(0.935)	(0.371)	(0.787)	(0.290)	(0.946)
ln sca	0.654***	0.337**	0.510**	0.441**	0.646***	0.389**	0.505**	0.335**
	(0.130)	(0.117)	(0.177)	(0.115)	(0.149)	(0.126)	(0.173)	(0.110)
ln age	−0.067	−0.039	−0.066	−0.027	−0.063	−0.032	−0.067	−0.032
	(0.043)	(0.031)	(0.048)	(0.034)	(0.043)	(0.029)	(0.045)	(0.031)
_cons	−1.154	−4.944**	−29.880*	−89.780*	−31.980*	−71.830***	−24.660*	−76.290
	(1.604)	(1.466)	(12.270)	(42.360)	(14.370)	(36.010)	(11.060)	(43.230)
year	Y	Y	Y	Y	Y	Y	Y	Y
R^2	0.734	0.653	0.726	0.365	0.714	0.492	0.728	0.458
F	58.780	59.680	94.220	55.700	52.110	42.490	64.800	49.310
N	160	160	160	160	160	160	160	160

注：括号内为 t 值，* $p<0.05$，** $p<0.01$，*** $p<0.001$。

由模型（4）可知，同时实施政府补贴和税收优惠，对研发费用 $[\beta_1]=0.237$，$[\beta_2]=0.079$；对研发人员 $[\beta_1]=0.089$，$[\beta_2]=0.130$，在1%水平下均表现出显著的正向影响，即"政府补贴+税收优惠"组合能显著正向推动企业创新投入，可以验证假设 H4a。

由模型（5）可知，同时实施政府补贴和知识产权保护，对研发费用 $[\beta_1]=0.232$，$[\beta_2]=0.073$；对研发人员 $[\beta_1]=0.126$，$[\beta_2]=0.018$，在5%水平下均表现出显著的正向影响，即"政府补贴+知识产权保护"组合能显著正向推动企业创新投入，可以验证假设 H4a。

由模型（6）可知，同时实施税收优惠和知识产权保护，对研发费用 $[\beta_1]=0.080$，$[\beta_2]=0.076$；对研发人员 $[\beta_1]=0.119$，$[\beta_2]=0.015$，在5%水平下均表现出显著的正向影响，即"税收优惠+知识产权保护"组合能显著正向推动企业创新投入，可以验证假设 H4a。

由模型（4）~（6）可知，"政府补贴 + 税收优惠"组合对总创新投入的影响效应（研发费用和研发人员的相关系数之和，下文同）为 0.535（0.237+0.079+0.089+0.130），"政府补贴 + 知识产权保护"组合对总创新投入的影响效应为 0.449（0.232+0.073+0.126+0.018），"税收优惠 + 知识产权保护"组合对总创新投入的影响效应为 0.290（0.080+0.076+0.119+0.015）。由 0.535>0.449>0.290 可以判断出，"政府补贴 + 税收优惠"组合对企业核心技术突破的创新投入推动效果最佳。由以上分析可发现：政府政策工具的双重组合均正向显著推动企业核心技术突破的创新投入，且"政府补贴 + 税收优惠"的政策组合效应最大。

由模型（7）可知，同时实施政府补贴、税收优惠和知识产权保护，对研发费用 β_1=0.207，β_2=0.059，β_3=0.060，在 5% 水平下均表现出显著的正向影响；但对研发人员 β_1=0.095，β_2=0.111，β_3=0.014，在 5% 水平下政府补贴表现为显著正向影响，税收优惠与知识产权保护均无显著影响，因而假设 H4a 得到部分验证。这可能是因为当前在动力电池企业，税收优惠和知识产权保护对于研发人员个人的政策针对性不强，对研发人员个人加入该类企业的吸引力不够高，从而使得总体上三项政策工具联合使用的组合效应不显著。由此可发现：政府政策工具的三项组合显著正向推动研发费用投入，但对研发人员投入无显著影响。

综合模型（4）~（7）分析，可得：

结论3：组合政策中，政府政策工具的双重组合均显著正向推动企业核心技术突破的创新投入，且"政府补贴 + 税收优惠"的政策组合效应最大；而三项组合显著正向推动研发费用投入，对研发人员投入影响不显著。

（2）对创新产出的回归分析。政府补贴、税收优惠、知识产权保护组合政策工具对创新产出的回归结果如表 5 所示。

表 5 政策工具的组合对创新产出的回归结果

变量	模型（4） ln pai	模型（4） ln npr	模型（5） ln pai	模型（5） ln npr	模型（6） ln pai	模型（6） ln npr	模型（7） ln pai	模型（7） ln npr
ln sub	0.224*	0.076	0.256*	0.086			0.206*	0.025*
	(0.106)	(0.165)	(0.137)	(0.183)			(0.107)	(0.154)
ln tax	0.336**	0.019*			0.313**	0.050*	0.298**	0.061*
	(0.230)	(0.166)			(0.250)	(0.119)	(0.155)	(0.154)
ln ipp			0.109**	0.085*	0.089**	0.833*	0.082*	0.829*
			(0.335)	(0.159)	(0.351)	(0.354)	(0.344)	(0.340)
	0.255	0.710**	0.284	0.766***	0.234	0.699***	0.095	0.713***
	(0.383)	(0.211)	(0.236)	(0.183)	(0.324)	(0.131)	(0.336)	(0.144)
ln age	−0.096	−0.006	−0.081	0.037	−0.090	0.036	−0.092	−0.035
	(0.079)	(0.085)	(0.074)	(0.081)	(0.074)	(0.083)	(0.074)	(0.084)
_cons	−11.580*	1.667	−57.480***	−389.100*	−47.730**	−381.600*	−44.080**	−379.600*
	(4.446)	(2.500)	(12.490)	(164.500)	(14.990)	(162.500)	(15.110)	(169.800)
year	Y	Y	Y	Y	Y	Y	Y	Y
R^2	0.221	0.628	0.245	0.063	0.203	0.064	0.243	0.067
F	26.860	16.710	22.370	19.480	24.320	24.270	24.730	20.340
N	144	149	144	149	144	149	144	149

注：括号内为 t 值，* $p<0.05$，** $p<0.01$，*** $p<0.001$。

由模型（4）可知，同时实施政府补贴和税收优惠，对发明专利申请 $\beta_1=0.224$，$\beta_2=0.336$，在 5% 水平下均表现出显著的正向影响；但对企业净利润 $\beta_1=0.076$，在 5% 水平下影响不显著，$\beta_2=0.019$，在 5% 水平下表现出显著正向影响，因而假设 H4b 无法完全验证。

由模型（5）可知，同时实施政府补贴和知识产权保护，对发明专利申请 $\beta_1=0.256$，$\beta_2=0.109$，在 5% 水平下均表现出显著的正向影响；但对企业净利润 $\beta_1=0.086$，在 5% 水平下影响不显著，$\beta_2=0.085$，在 5% 水平下表现出显著正向影响，因而假设 H4b 无法完全验证。

对于企业净利润，无论是政府补贴和税收优惠的组合，还是政府补贴和知识产权保护的组合，都可以发现政府补贴的相关系数为正但不显著。这可能是因为当前针对动力电池企业核心技术突破的政府补贴仍然侧重于事前激励，即对于短期创新投入有较好的激励作用，而长期来看，政府缺乏对企业补贴使用的后续跟踪，导致企业发明专利成果商业化的过程得不到更多的支持，从而整体上两者的组合效应并未达到预期的激励效果。但相较于政府补贴单独作用于企业净利润时，可以发现政府补贴的相关系数由 −0.018 分别增长为 0.076、0.086，说明当政府补贴与税收优惠或者与知识产权保护协同使用时，均能在一定程度上克服政府补贴单独作用时的不足。由模型（4）~（5）分析可发现："政府补贴+税收优惠"组合、"政府补贴+知识产权保护"组合能显著正向推动企业研发产出（发明专利申请），但对商业化产出（企业净利润）影响不显著。

由模型（6）可知，同时实施税收优惠和知识产权保护，对发明专利申请 $\beta_1=0.313$，$\beta_2=0.089$，在 1% 水平下均表现出显著正向影响；对企业净利润 $\beta_1=0.050$，$\beta_2=0.833$，在 5% 水平下均表现出显著正向影响，即"税收优惠+知识产权保护"组合能显著正向推动企业创新产出，可以验证假设 H4b。由此可发现：政府政策工具两两组合时，"税收优惠+知识产权保护"组合能显著正向推动企业核心技术突破的创新产出。

由模型（7）可知，同时实施政府补贴、税收优惠和知识产权保护，对发明专利申请 $\beta_1=0.206$，$\beta_2=0.298$，$\beta_3=0.082$，在 5% 水平下均表现出显著正向影响；对企业净利润 $\beta_1=0.025$，$\beta_2=0.061$，$\beta_3=0.829$，在 1% 水平下均表现出显著正向影响，即"政府补贴+税收优惠+知识产权保护"组合能显著正向推动企业创新产出，可以验证假设 H4b。同时，三项政策工具组合对总创新产出的影响效应（发明专利申请和企业净利润的相关系数之和，下文同）为 1.501（0.206+0.298+0.082+0.025+0.061+0.829），"税收优惠+知识产权保护"组合对总创新产出的影响效应为 1.285（0.313+0.089+0.050+0.833）。由 1.501>1.285 可知，三项政策工具组合在两项政策工具组合的基础上进一步提升了实现企业核心技术完全突破的可能性。由此可发现：政府政策工具的三项组合能显著正向推动企业核心技术突破的创新产出，且比"税收优惠+知识产权保护"组合的推动效果更好。

综合模型（4）~（7）分析，可得：

结论4：组合政策中，政府政策工具的双重组合只有"税收优惠+知识产权保护"组合能显著正向推动企业核心技术突破的创新产出；三项组合的推动效果比两两组合的更好。

四、结论与政策建议

（一）结论

本文分析政府补贴、税收优惠、知识产权保护对企业突破性创新的综合影响机制，构建固定效应模型，收集2013—2020年政府推动新能源汽车动力电池企业上市公司突破性创新的相关数据，对各种政策效应进行深入全面的比较，得到以下结论。

对于单项政策：

（1）政府补贴、税收优惠、知识产权保护分别能够显著正向推动企业核心技术突破的创新投入，且政府补贴的推动效果最佳。

（2）税收优惠、知识产权保护能显著正向推动企业核心技术突破的创新产出，且知识产权保护的推动效果最佳；而政府补贴正向显著推动企业研发产出，对商业化产出影响效果不显著。

对于组合政策：

（1）政府政策工具的双重组合均显著正向推动企业核心技术突破的创新投入，且"政府补贴+税收优惠"的政策组合效应最大；而三项组合显著正向推动研发费用投入，对研发人员投入影响不显著。

（2）政府政策工具的双重组合中只有"税收优惠+知识产权保护"组

合能显著正向推动企业核心技术突破的创新产出；三项组合的推动效果比两两组合的更佳。

（二）政策建议

依据上述分析结果，为利用政府创新政策效应，有效推动企业突破关键核心技术，可以从以下四个方面着手。

第一，突出政府补贴重点，聚焦关键核心技术基础研究投入。①加大基础研究的直接投入。合理利用财政资金稳步提高基础研究投入，保障关键核心技术基础知识和关键共性技术供给。②构建稳定多元化的资金引导链条。充分利用社会各类资金的杠杆作用，积极引导股权融资和风险投资对基础研究的支持，为基础研究构建稳定且多元化的投入机制。③强化"政产学研"协同合作。充分发挥自主创新组织者和管理者的职能，整合高校、研发机构、上下游企业、竞争企业等各个创新主体的优势资源，完善成本分担和利益分享机制，联合多主体共同促进基础研究从源头突破。

第二，增强知识产权全链条保护，保障核心技术突破成果。①加快完善知识产权制度体系建设。紧跟新技术和新产业的蓬勃发展，防止制度上的漏洞导致知识产权保护不到位等现象的发生。②提高知识产权保护工作的执法水平。综合使用行政管理、经济规制等多种手段，对知识产权各种侵权违法行为进行严厉打击，促进知识产权保护执法水平高质量、高效率的发展。③增强全民知识产权保护意识。尽快普及知识产权的宣传教育，加快推进知识产权智能服务平台的信息化，建立健全知识产权保护领域的公民自我约束机制。

第三，优化资源配置，强化"政府补贴+税收优惠"的组合效应。①推进政府补贴标准的灵活多样化。适当提高政府补贴门槛，形成灵活多样化的政府补贴标准，以促进企业核心技术的高水平突破。②推进税收优惠激励对象的差异化。根据企业的规模、经营时间等因素细化调整税收优惠的周期、强度、方式，以优化税收优惠政策的着力点，提高政策的有效性；同时，对关键核心技术突破领域的核心研发人员加大减税力度，以鼓励其更加专注于核心技术的突破。

第四，立足现实需求，强化"政府补贴+税收优惠+知识产权保护"的组合效应。①建立事后补贴梯度体系。根据发明专利的质量和水平，进行事后的政府补贴梯度激励，突出政府鼓励先进技术、扶优扶强的政策导向，倒逼企业不断实现高水平的技术突破以获得长期竞争优势。②简化税收优惠审核程序。对取得核心技术突破成果的企业申请税收优惠时，可以考虑减少相关的认定审核程序，加大简政放权的力度，从而为企业降低获得税收优惠的执行成本和时间成本。③提高知识产权审批效率。适当简化知识产权的受理流程，缩短办理时间，提升审批效率，从而及时保护核心技术突破主体的利益不受损害。

（刘和东，陆雯雯，南京工业大学经济与管理学院）

参考文献

[1] BRONZINI R, PISELLI P.The impact of R&D subsidies on firm innovation [J]. Research Policy, 2016, 45 (2): 442–457.

[2] 毛其淋, 许家云. 政府补贴对企业新产品创新的影响：基于补贴强度"适度区间"的视角 [J]. 中国工业经济, 2015 (6): 94–107.

[3] 黎文靖, 郑曼妮. 实质性创新还是策略性创新？——宏观产业政策对微观企业创新的影响 [J]. 经济研究, 2016, 51 (4): 60–73.

[4] KAO W C.Innovation quality of firms with the research and development tax credit [J]. Review of Quantitative Finance and Accounting, 2018, 51 (1): 43–78.

[5] 王春元. 税收优惠刺激了企业 R&D 投资吗？[J]. 科学学研究, 2017, 35 (2): 255–263.

[6] 刘思明, 侯鹏, 赵彦云. 知识产权保护与中国工业创新能力：来自省级大中型工业企业面板数据的实证研究 [J]. 数量经济技术经济研究, 2015, 32 (3): 40–57.

[7] HUDSON J.Innovation, Intellectual Property Rights, and Economic Development: A Unified Empirical Investigation [J]. World Development, 2013, 46: 66–78.

[8] 周海涛, 张振刚. 政府研发资助方式对企业创新投入与创新绩效的影响研究 [J]. 管理学报, 2015, 12 (12): 1797–1804.

[9] 马文聪, 李小转, 廖建聪, 等. 不同政府科技资助方式对企业研发投入的影响 [J]. 科学学研究, 2017, 35 (5): 689–699.

[10] 金婷婷. 财政补贴、税收减免对高新技术企业创新产出的影响研究 [D]. 杭州：浙江财经大学, 2019.

[11] 张新, 任强. 我国企业创新财税政策效应研究：基于 3SLS 方法 [J]. 中央财经大学学报, 2013 (8): 1–5, 11.

[12] 孙赫. 知识产权保护对我国成长型创新企业自主创新影响的定量分析：以创业板上市企业为例 [J]. 科技进步与对策, 2017, 34 (21): 95–102.

[13] 马文聪, 叶阳平, 李小转, 等. 政府科技资助对企业研发产出的影响：基于我国大中型工业企业的实证研究 [J]. 管理评论, 2019, 31 (11): 94–107.

[14] 范文林. 制度背景、政府财税政策与企业技术创新 [D]. 武汉：华中科技大学, 2017.

[15] 郭玥. 政府创新补助的信号传递机制与企业创新 [J]. 中国工业经济, 2018 (9): 98–116.

[16] 高新伟, 张晓艺. 税收优惠对新能源企业创新绩效的影响研究 [J]. 中国石油大学学报（社会科学版）, 2020, 36 (6): 1–10.

[17] ROMER P M.Increasing Returns and Long-Run Growth [J]. Journal of Political Economy, 1986, 94（5）: 1002-1037.

[18] 冯宗宪, 王青, 侯晓辉.政府投入、市场化程度与中国工业企业的技术创新效率[J].数量经济技术经济研究, 2011, 28（4）: 3-17, 33.

[19] 张君颖.政府支持政策对企业技术创新的影响研究[D].南京: 南京理工大学, 2019.

[20] 刘兰剑, 张萌, 黄天航.政府补贴、税收优惠对专利质量的影响及其门槛效应: 基于新能源汽车产业上市公司的实证分析[J].科研管理, 2021, 42（6）: 9-16.

[21] 许春明, 单晓光.中国知识产权保护强度指标体系的构建及验证[J].科学学研究, 2008, 26（4）: 715-723.